# 般若心経秘鍵への招待

高野山真言宗布教研究所

法藏館

①「秘鍵大師像」 宮中で『般若心経秘鍵』を講讃したときの大師像。日輪を背負い、右手に宝剣、左手に念珠を持つ。(高野山龍光院蔵 室町時代/提供:高野山霊宝館)

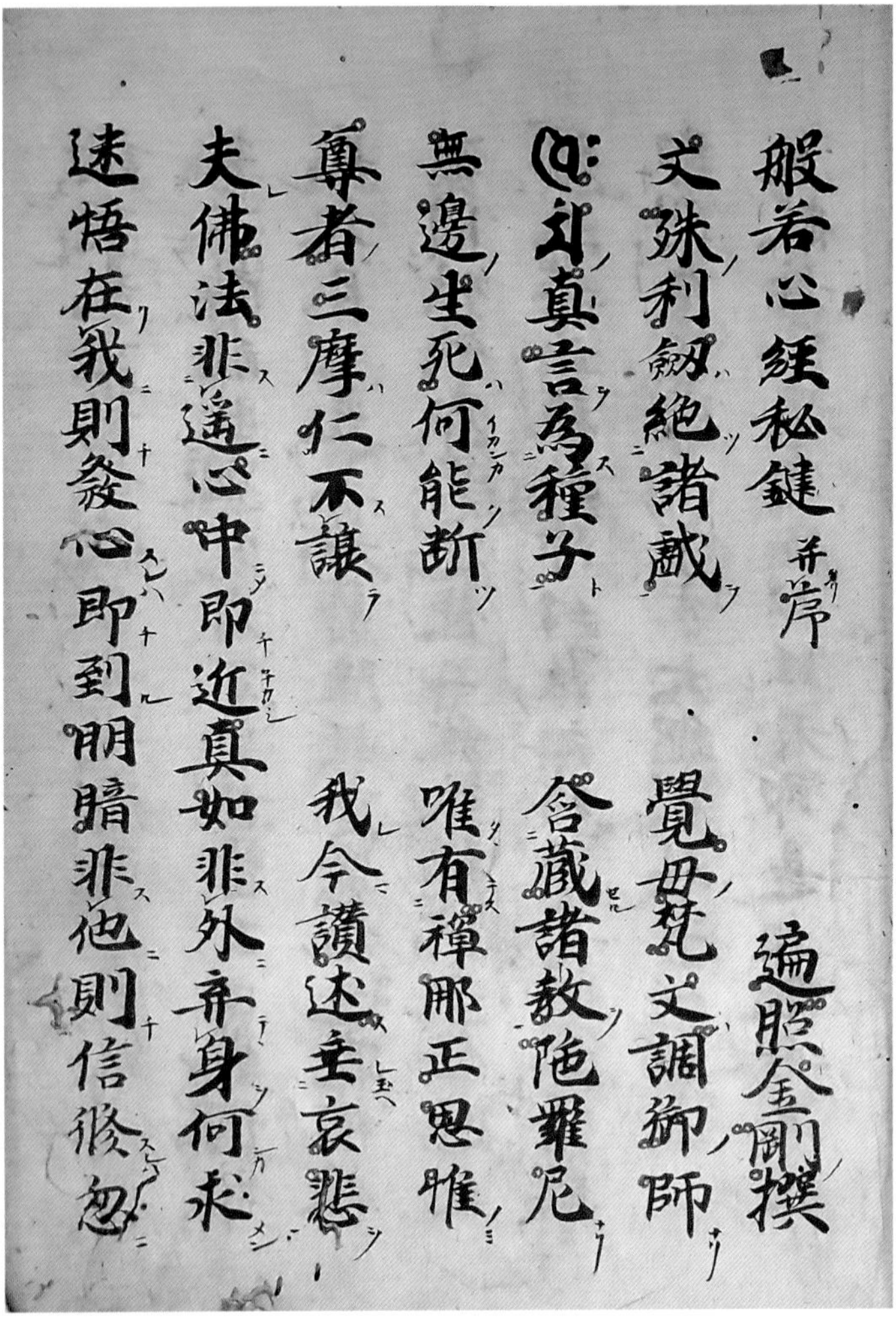

②『般若心経秘鍵』 現存最古の写本。空海の主要著作のなか、『秘鍵』の古写本は極めて少ない。（東寺観智院蔵　江戸時代初期）

③「七髻文殊菩薩像」 日輪を背に紅蓮華座に座し、(本図は七髻とあるが) 頭髻を八髻に結う。童子形で、右手に利剣を執る。(高野山宝寿院蔵　鎌倉時代　重要文化財／提供：高野山霊宝館)

④「般若菩薩像」 般若菩薩は仏母ともいい、月輪を背に、紅蓮華座に座す六臂像。左第一手に梵筐を執る。（高野山西禅院蔵　室町時代／提供：高野山霊宝館）

目次

## 第二部　『般若心経』

# 般若心経秘鍵への招待

# はじめに――大師教学の宝箱『般若心経秘鍵』――

橋本真人

『般若心経秘鍵』（以下略して『秘鍵』とする）は、弘法大師の高邁《こうまい》な覚りの識見から『般若心経』（以下『心経』とする）を説き明かした書物です。

一般的に『心経』は、『大般若経』六百巻のエッセンスを二六二文字にまとめたもので、空の思想を説くお経であるという理解です。

それに対し、弘法大師は『心経』は、般若菩薩《はんにゃぼさつ》という智慧を掌《つかさど》る仏さまの覚りの境涯を解き明かしたものである、と考えたのです。

この大師独自の考えを密教的視座から開示した著作が『秘鍵』といえます。

また、『秘鍵』の特色を、真言密教の教えの要《かなめ》が網羅されていると理解してもいいでしょう。

「医王の目には途《みち》に触《ふ》れて皆薬《みなくすり》なり。解宝《げほう》の人は砿石《こうしゃく》を宝《たから》と見る」（優れた医師の目には、道ばたの雑草から病に効く薬草を見つけることができる。宝石の見分け方に優れた人は、転がっている石ころの中から価値の高い宝石を発見することができる）という『秘鍵』の一文は、その特色を如実に言いあらわしています。

つまり弘法大師は、表面上にあらわれた経文の言葉よりも優れた人間性に根ざした物事の本質（真理）を見極める目を大切にされたのです。

混沌とした現代社会の中で、今本当に求められているのは豊かな人間性だと思います。

真理は光となってあらわれます。

大師教学（弘法大師の教え）の基本となる『秘鍵』を声に出して読誦し、より一歩深く味わうことで、宗教的人格が養われ、光のごとくきらりと耀《かがや》く人間性が形成されることでしょう。

『秘鍵』は大師教学の宝箱です。

その宝箱には、心に届く弘法大師の聖語が、宝石のごとくちりばめられています。

本書が、「大師教学を一歩深く学ぶ入門書」として、また「大師教学を世に弘める布教資料」の一助となれば、これ以上の喜びはございません。

# 第一部　『般若心経秘鍵』

# 読み下し文『般若心経秘鍵』（中川善教訓読）

## 題目

般若心経秘鍵《はんにゃしんぎょうひけん》　序《じょ》を幷《あわ》せたり　遍照金剛《へんじょうこんごう》撰《せん》

## 第一、序分

### 祈請の偈頌

#### 帰敬序

文殊《もんじゅ》の利剣《りけん》は《な》諸戯《しょけ》を絶《た》つ　覚母《かくも》の梵文《ぼんもん》は《な》調御《ちょうご》の師《し》なり

《ちくまん》の真言《しんごん》を《の》種子《しゅじ》と為《す》　諸教《しょきょう》を含蔵《がんぞう》せる陀羅尼《だらに》なり

#### 発起序

無辺《むへん》の生死《しょうじ》何《いか》んが能《よ》く断《た》つ　唯《ただ》禅那《ぜんな》正思惟《しょうしゆい》のみ有《あ》ってす

尊者《そんじゃ》の三摩《さんま》は仁譲《にんゆづ》らず　我《わ》れ今《いま》讃述《さんじゅつ》す哀悲《あいひ》を垂《た》れたまへ

夫《そ》れ仏法《ぶっぽう》遥《はるか》に非《あら》ず、心中《しんぢう》にして即《すなは》ち近《ちか》し。真如《しんにょ》外《ほか》に非《あら》ず、身《み》を棄《す》てて

## 仏法の大綱
### 大綱序

何《いづく》んか求《もと》めん。

迷悟《めいご》我《わ》れに在《あ》れば発心《ほっしん》すれば即《すなは》ち到《いた》る。明暗《みょうあん》他《た》に非《あら》ざれば信修《しんじゅ》すれば忽《たちまち》に証《しょう》す。

哀《あわれ》なる哉《かな》、哀《あわれ》なる哉《かな》、長眠《ちょうめん》の子《し》。苦《くるし》い哉《かな》、痛《いた》い哉《かな》、狂酔《きょうすい》の人《にん》。

痛狂《つうきょう》は酔《よ》はざるを笑《わら》ひ、酷睡《こくすい》は覚者《かくしゃ》を嘲《あざけ》る。曾《かっ》て医王《いおう》の薬《くすり》を訪《とぶら》はずんば、何《いづ》れの時《とき》にか大日《だいにち》の光《ひかり》を見《み》ん。

翳障《えいしょう》の軽重《きょうじゅう》覚悟《かくご》の遅速《ちそく》の若《ごと》くに至《いた》っては、機根不同《きこんふどう》にして性欲《しょうよく》即《すなは》ち異《こと》なり。

遂《ついん》じて二教《にきょう》轍《あと》を殊《こと》んじて、手《て》を金蓮《こんれん》の場《ちょう》に分《わか》ち、五乗鑣《ごじょうくつばみ》を並《なら》べて、蹄《ひづめ》を幻影《げんにょう》の埒《らち》に踠《あが》つ。

其《そ》の解毒《げどく》に随《したが》って薬《くすり》を得《う》ること即《すなは》ち別《べつ》なり。

慈父導子《じぶどうし》の方大綱《ほうたいこう》此《こ》れに在《あ》り。

## 『般若心経』の大意
### 大意序

## 1　心経の大綱

大般若波羅蜜多心経《だいはんにゃはらみたしんぎょう》といっぱ、即《すなは》ち是《こ》れ大般若菩薩《だいはんにゃぼさつ》の大心真言三摩地《だいしんしんごんさんまぢ》法門《ほうもん》なり。文《もん》は《な》一紙《いっし》に欠《かけ》て行《ごう》は則《すなは》ち十四《じうし》なり。謂《い》ふ可《べ》し、簡《かん》にして要《よう》なり、約《つづまや》かにして深《ふか》し。

五蔵《ござう》の般若《はんにゃ》は一句《いっく》に嗛《ふく》んで飽《あ》かず、七宗《しちしゅう》の行果《ぎゃうくわ》は一行《いちごう》に歠《の》んで足《た》らず。

## 2　句々の深妙

観在薩埵《くわんざいさった》は則《すなは》ち諸乗《しょじょう》の行人《ぎょうにん》を《の》挙《あ》げ、度苦涅槃《どくねはん》は《な》則《すなは》ち諸教《しょきょう》の得楽《とくらっ》を《と》褰《かか》ぐ。

五蘊《ごうん》は《な》横《わう》に迷境《めいきょう》を指《さ》し、三仏《さんぶっ》は《た》竪《しゅ》に悟心《ごしん》を《の》示《しめ》す。

色空《しきくう》と言《い》へば則《すなは》ち普賢《ふげん》頤《おとがい》を円融《えんにゅう》の義《ぎ》に解《と》き、

不生《ふしょう》と談《だん》ずれば則《すなは》ち文殊《もんじゅ》顔《かんばせ》を絶戯《ぜっけ》の観《くわん》に破《やぶ》る。

之《こ》れを識界《しきかい》に説《と》けば簡持《けんぢ》手《て》を拍《う》ち、

之《こ》れを境智《きょうち》に泯《みん》ずれば帰《き》一《いち》心《こころ》を快《こころよ》くす。

十二因縁《じゅうにいんねん》は《な》生滅《しょうめっ》を《と》麟角《りんかく》に指《さ》し、四諦法輪《したいほうりん》は《な》苦空《くくう》を羊車《ようじゃ》に驚《おどろ》かす。

況《いは》んや《にゃ》復《また》𑖐𑖝𑖸《ぎゃてい》の二字《にじ》は諸蔵《しょぞう》の行果《ぎょうくわ》を呑《の》み、𑖢𑖯𑖭𑖽《はらそう》の両言《りょうごん》は《な》顕密《けんみつ》の法《ほう》教《きょう》を孕《はら》めり。

一一《いちいち》の声字《しょうじ》は歴劫《りゃっこう》の談《だん》にも尽《つ》きず、一一《いちいち》の名実《みょうじっ》は《た》塵滴《ぢんてき》の仏《ほとけ》も極《きは》めたまふこと無《な》し。

## 3 利益の殊勝

是《こ》の故《ゆえ》に誦持講供《じゅぢこうく》すれば、則《すなは》ち苦《く》を抜《ぬ》き楽《らく》を与《あた》へ、修習思惟《しゅじゅうしゆい》すれば、則《すなは》ち道《どう》を得通《えつう》を起《おこ》す。

甚深《じんじん》の称誠《しょうまこと》に宜《よろ》しく然《しか》る可《べ》し。

## 撰述の目的

余童《よとう》を教《おし》ふるの次《ついで》に、聊《いささ》か綱要《こうよう》を撮《と》って彼《か》の五分《ごぶん》を釈《のしゃく》す。釈家《しゃっけ》多《おう》しと雖《いへど》も未《いま》だ此《こ》の幽《ゆう》を釣《つ》らず。

翻訳《ほんにゃく》の同異《どうい》、顕密《けんみつ》の差別《しゃべつ》、並《ならび》に後《のち》に釈《しゃく》するが如《ごと》し。

## 疑義の問答

或《ある》が問《と》って云《いは》く、般若《はんにゃ》は第二未了《だいにみりょう》の教《きょう》なり、何《なん》ぞ能《よ》く三顕《さんけん》の経《きょう》を呑《の》まん。

如来《にょらい》の説法《せっぽう》は一字《いちじ》に五乗《ほじょう》の義《ぎ》を含《ふく》み、一念《いちねん》に三蔵《さんぞう》の法《ほう》を説《と》く。何《いか》に況《いわ》んや一部一品《いちぶいっぽん》、何《なん》ぞ匱《とぼ》しく何《なん》ぞ無《な》からん。

亀卦爻著万象《きけげうしまんぞう》を含《ふく》んで尽《つく》ること無《な》く、帝網声論諸義《たいもうしょうろんしょぎ》を呑《の》んで窮《きわ》まらず。

# 第二、正宗分

## 心経の題釈

難者《なんじゃ》の曰《いは》く、若《も》し然《しか》らば前来《ぜんらい》の法匠《ほっしょう》何《なん》ぞ斯《こ》の言《ことば》を吐《は》かざる。答《と》ふ、聖人《しょうにん》の薬《くすり》を投《な》ぐること、機《き》の深浅《じんせん》に随《したが》ひ、賢者《げんじゃ》の説黙《せつもく》は時《とき》を待《ま》ち人《ひと》を待《ま》つ。吾《わ》れ未《いま》だ知《し》らず。蓋《けだ》し言《い》ふ可《べ》きを言《い》はざるか、言《い》ふまじければ言《い》はざるか、言《い》ふまじきを之《こ》れを言《い》へらん。失智人《とがちにん》断《ことわ》りたまへ而已《まくのみ》。

仏説摩訶般若波羅蜜多心経《ぶっせつまかはんにゃはらみたしんぎょう》と者《いっぱ》、此《こ》の題額《だいかく》に就《つい》て二《ふたつ》の別《べっ》有《た》り。梵漢別《ぼんかんべつ》なるが故《ゆえ》に。今《いま》仏説摩訶般若波羅蜜多心経《ぶっせつまかはんにゃはらみたしんぎょう》と謂《い》っ者《ぱ》、胡漢雑《こかんまじ》へ挙《あ》げたり。説心経《せっしんぎょう》の三字《さんじ》は漢名《かんみょう》なり。余《よ》の九字《くじ》は胡号《こごう》なり。若《も》し具《つぶさ》なる梵名《ぼんみょう》ならば、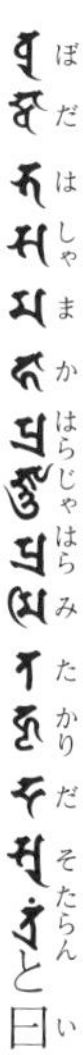と曰《い》ふべし。

初《はじめ》の二字《にじ》は円満覚者《えんまんかくしゃ》の名《な》、次《つぎ》の二字《にじ》は密蔵《みつぞう》を開悟《かいご》し甘露《かんろ》を施《ほどこ》すの称《しょう》なり。

次《つぎ》の二字《にじ》は大多勝《だいたしょう》に就《つい》て義《ぎ》を立《た》つ。次《つぎ》の二字《にじ》は定慧《じょうえ》に約《やく》して名《な》を樹《た》つ。次《つぎ》の三《み》つは所作已弁《しょさいべん》に就《つい》て号《な》と為《す》。次《つぎ》の二《ふたっ》つは処中《たしょちゅう》に拠《よっ》て義《ぎ》を表《ひょう》す。

# 心経の要旨

次《つぎ》の二《ふた》つ《っ》は《た》貫線摂持等《かんせんしょうぢとう》を以《もっ》て字《な》を顕《あら》はす。若《も》し総《そう》の義《ぎ》を以《もっ》て説《と》かば、皆人法喩《みなにんぼうゆ》を具《ぐ》す。斯《こ》れ則《すなは》ち大般若波羅蜜多菩薩《だいはんにゃはらみったぼさつ》の名《な》なり。即《すなは》ち是《こ》れ人《にん》なり。此《こ》の菩薩《ぼさつ》に法曼荼羅真言三摩地門《ほうまんだらしんごんさんまぢもん》を《の》具《ぐ》す。一一《いちいち》の字《じ》は即《すなは》ち法《ほう》なり。此《こ》の一一《いちいち》の名《な》は皆世間《みなせけん》の浅名《せんみょう》を以《もっ》て、法性《ほっしょう》の深号《じんごう》を表《あら》はす。即《すなは》ち是《こ》れ喩《ゆ》なり。

## 1　心経の説聴

此《こ》の三摩地門《さんまぢもん》は《な》仏《ほとけ》鷲峰山《じゅぶうぜん》に在《いま》して、鶖子等《じゅうしとう》の為《ため》に之《こ》れを説《と》いたまへり。

## 2　漢訳の種類

此《こ》の経《きょう》に数《あまた》の翻訳《ほんにゃく》あり。第一《だいいち》に羅什三蔵《らじゅうさんぞう》の訳今《やくいま》の所説《しょせつ》の本是《ほんこ》れなり。次《つぎ》に唐《とう》の遍覚三蔵《へんがくさんぞう》の翻《ほん》には題《だい》に仏説摩訶《ぶっせつまか》の四字無《しじな》し。五蘊《ごうん》の下《した》に等《とう》の字《じ》を加《くわ》へ、遠離《をんり》の下《した》に一切《いっさい》の字《じ》を除《のぞ》く。陀羅尼《だらに》の後《のち》に功能無《くのうな》し。次《つぎ》に大周《だいしゅう》の義浄三蔵《ぎじょうさんぞう》の本《ほん》には題《だい》に摩訶《まか》の字《じ》を省《はぶ》き、真言《しんごん》の後《のち》に功能《くのう》を加《くわ》へたり。

又法月及《またほうぐわつおよ》び般若両三蔵《はんにゃりょうさんぞう》の翻《ほん》には、並《ならび》に序分流通《じょぶんるつう》あり。又陀羅尼集経《またたらにじっきょう》の第三《だいさん》の巻《まき》に此《こ》の真言法《しんごんほう》を説《と》けり。経《きょう》の題羅什《だいらじゅう》と同《おな》じ。

般若心《はんにゃしん》と言《い》っぱ此《こ》の菩薩《ぼさつ》に身心等《しんじんとう》の陀羅尼《だらに》有《あ》り。是《こ》の経《きょう》の真言《しんごん》は《な》即《すなは》ち大心呪《だいしんしゅ》なり。此《こ》の心真言《しんしんごん》に依《よ》って般若心《はんにゃしん》の名《な》を得《う》。

或《ある》が云《いは》く、大般若経《だいはんにゃきょう》の心要《しんにょう》を略出《りやくしゅつ》するが故《ゆえ》に心《しん》と名《なづ》く。是《こ》れ別会《べってえ》の説《せつ》にあらずと云云《うんぬん》。謂《い》はゆる龍《りょう》に蛇《じゃ》の鱗《いろくづ》有《あ》るが如《ごと》し。

## 3　心経の顕密

### 『般若心経』の五分科

此《こ》の経《きょう》に総《そう》じて五分《ごぶん》有《な》り。

第一《だいいち》に人法総通分《にんぼうそうつうぶん》。観自在《くわんじざい》と云《い》ふより度一切苦厄《どいっさいくやく》に至《いた》るまで是《こ》れなり。

第二《だいに》に分別諸乗分《ふんべつしょじょうぶん》。色不異空《しきふいくう》と云《い》ふより無所得故《むしょとっこ》に至《いた》るまで是《こ》れなり。

第三《だいさん》に行人得益分《ぎょうにんとくやくぶん》。菩提薩埵《ぼだいさった》と云《い》ふより三藐《さんみゃく》三菩提《さんぼだい》に至《いた》るまで是《こ》れなり。

第四《だいし》に総帰持明分《そうきぢみょうぶん》。故知般若《こちはんにゃ》と云《い》ふより真実不虚《しんじっぷこ》に至《いた》るまで是《こ》れなり。

第《だい》五《ご》に秘《ひ》蔵《ぞう》真《しん》言《ごん》分《ぶん》。𑖐《ぎゃ》𑖝𑖸《てい》𑖐《ぎゃ》𑖝𑖸《てい》と云《い》ふより𑖭𑖿𑖪《そわ》𑖮𑖯《か》に至《いた》るまで是《こ》れなり。

## 一　人法総通分

### 因行証入時

第《だい》一《いち》の人《にん》法《ぼう》総《そう》通《つう》分《ぶん》に五《いつつ》有《あ》り。因《いん》行《ぎょう》証《しょう》入《にゅう》時《じ》是《こ》れなり。観《くわん》自《じ》在《ざい》と言《い》っぱ能《のう》行《ぎょう》の人《にん》、即《すなは》ち此《こ》の人《にん》は《な》本《ほん》覚《がく》の菩《ぼ》提《だい》を因《いん》と為《す》。深《じん》般《ぱん》若《にゃ》は能《のう》所《しょ》観《くわん》の法《ほう》、即《すなは》ち是《こ》れ行《ぎょう》なり。照《しょう》空《くう》は則《すなは》ち能《のう》証《しょう》の智《ち》、度《ど》苦《く》は則《すなは》ち所《しょ》得《とく》の果《くわ》、果《くわ》は即《すなは》ち入《にゅう》なり。

彼《か》の教《きょう》に依《よ》る人《にん》の智《ち》無《む》量《りょう》なり。智《ち》の差《しゃ》別《べつ》に依《よっ》て時《じ》亦《また》多《おほ》し。三《さん》生《じょう》三《さん》劫《ごう》六《ろく》十《じゅう》百《ひゃく》妄《もう》執《じゅう》の差《しゃ》別《べつ》、是《こ》れを時《じ》と名《なづ》く。頌《じゅ》に曰《いは》く、

観《くわん》人《にん》智《ち》慧《え》を修《しゅ》して　深《ふか》く五《ご》衆《しゅ》の空《くう》を照《てら》す
歴《りゃっ》劫《こう》修《しゅ》念《ねん》の者《もの》　煩《ぼん》を《の》離《はな》れて一《いっ》心《しん》に通《つう》ず

## 二　分別諸乗分

### 1　普賢のさとり

第《だい》二《に》の分《ふん》別《べつ》諸《しょ》乗《じょう》分《ぶん》に又《また》五《いつつ》あり。建《こん》絶《ぜっ》相《そう》二《に》一《いち》是《こ》れなり。初《はじめ》に建《こん》と者《いっぱ》、謂《い》はゆる建《こん》立《りゅう》如《にょ》来《らい》の三《さん》摩《ま》地《ぢ》門《もん》是《こ》れなり。色《しき》不《ふ》異《い》空《くう》と云《い》ふより亦《やく》復《ぶ》如《にょ》是《ぜ》に至《いた》るまで是《こ》れなり。建《こん》立《りゅう》如《にょ》来《らい》と者《いっぱ》、

即《すなは》ち普賢菩薩《ふげんぼさつ》の秘号《ひごう》なり。

普賢《ふげん》の円因《えんにん》は《な》円融《えんにゅう》の三法《さんぼう》を以《もっ》て宗《しゅう》と為《す》。故《かるがゆえ》に以《もっ》て之《こ》れに名《なづ》く。

又是《またこ》れ一切如来《いっさいにょらい》菩提心行願《ぼだいしんぎょうがん》の身《しん》なり。頌《じゅ》に曰《いは》く、

色空《しきくう》本《もと》より不二《ふに》なり　事理《じり》元《もと》より来同《このかたどう》なり
無礙《むげ》に三種《さんじゅ》を融《ゆう》ず　金水《こんすい》の喩《たとへ》其《そ》の宗《しゅう》なり

## 2　文殊のさとり

二《ふたつ》に絶《ぜつ》と者《いっぱ》、謂《い》はゆる無戯論如来《むけろんにょらい》の三摩地門《さんまぢもん》是《こ》れなり。

是諸法空相《ぜしょほうくうそう》と云《い》ふより不増不減《ふぞうふげん》に至《いた》るまで是《こ》れなり。無戯論如来《むけろんにょらい》と言《い》つぱ即《すなは》ち文殊菩薩《もんじゅぼさつ》の密号《みつごう》なり。

文殊《もんじゅ》の利剣《りけん》は能《よ》く八不《はっぷ》を揮《ふる》って彼《か》の妄執《もうじゅう》の心《しん》を《の》絶《た》つ。是《こ》の故《ゆえ》に以《もっ》て名《なづ》く。頌《じゅ》に曰《いは》く、

八不《はっぷ》に諸戯《しょけ》を絶《た》つ　文殊《もんじゅ》は是《こ》れ彼《か》の人《にん》なり
独空畢竟《どくくうひっきょう》の理《り》　義用《ぎゆう》最《もっと》も幽真《ゆうしん》なり

## 3　弥勒のさとり

三《みつ》に相《そう》と者《いっぱ》、謂《い》はゆる摩訶梅多羅冒地薩怛嚩《まかばいたらぼうぢさとば》の三摩地門《さんまぢもん》是《こ》れなり。

是故空中無色《ぜこくうぢゅうむしき》と云《い》ふより無意識界《むいしきかい》に至《いた》るまで是《こ》れなり。

## 4　縁覚声聞のさとり

### 縁覚のさとり

大慈三昧《だいじさんまい》は与楽《よらく》を以《もっ》て宗《しゅう》とし、因果《いんが》を示《しめ》して誡《かい》と為《す》。相性別論《そうしょうべつろん》し唯識境《ゆいしききょう》を遮《しゃ》す。心只此《こころただこ》れにあり。頌《じゅ》に曰《いは》く、

　二我《にが》何《いづ》れの時《とき》にか断《た》つ　三祇《さんぎ》に法身《ほっしん》を《の》証《しょう》す
　阿陀《あだ》は是《こ》れ識性《しきしょう》なり　幻影《げんにょう》は即《すなは》ち名賓《みょうひん》なり

四《よっ》に二《に》と者《いっぱ》、唯蘊無我抜業因種《ゆいうんむがばつごういんしゅ》是《こ》れなり。是《こ》れ即《すなは》ち二乗《にじょう》の三摩地門《さんまぢもん》なり。

無無明《むむみょう》と云《い》ふより無老死尽《むろうしじん》に至《いた》るまで、即《すなは》ち是《こ》れ因縁仏《いんねんぶつ》の三昧《さんまい》なり。頌《じゅ》に曰《いは》く、

　風葉《ふうよう》に因縁《いんねん》を知《し》る　輪廻《りんね》幾《いくばく》の年《とし》にか覚《さと》る
　露花《ろくわ》に種子《しゅうじ》を除《のぞ》く　羊鹿《ようろく》の号相連《なあいつらな》れり

### 声聞のさとり

無苦集滅道《むくじゅうめつどう》、此《こ》れ是《こ》の一句五字《いっくごじ》は即《すなは》ち依声得道《えしょうとくどう》の三昧《さんまい》なり。頌《じゅ》に曰《いは》く、

　白骨《はっこつ》に我何《がいづく》んか在《あ》る　青瘀《しょうを》に人本《ひともと》より無《な》し
　吾《わ》が師《し》は是《こ》れ四念《しねん》なり　羅漢亦何《らかんまたなん》ぞ虞《たのし》まん

## 5　観自在のさとり

五《いつつ》に一《いち》と者《いっぱ》、阿哩也嚩路枳帝冒地薩怛嚩《ありやばろきていぼうぢさとば》の三摩地門《さんまぢもん》なり。無智《むち》と云《い》ふより無所得故《むしょとっこ》に至《いた》るまで是《こ》れなり。此《こ》の得自性清浄如来《とくじしょうしょうじょうにょらい》は、一道清浄妙蓮不染《いちどうしょうじょうみょうれんふぜん》を以《もっ》て衆生《しゅじょう》に開示《かいじ》して其《そ》の苦厄《くやく》を抜《ぬ》く。

智《ち》は能達《のうだっ》を挙《あ》げ、得《とく》は所証《しょしょう》に名《なづ》く。既《すで》に理智《りち》を泯《みん》ずれば強《あなが》ちに一《いち》の名《な》を以《もっ》てす。

法華涅槃《ほっけねはん》等《とう》の摂末帰本《しょうまつきほん》の教《きょう》、唯《ただ》此《こ》の十字《じゅうじ》に含《ふく》めり。諸乗《しょじょう》の差別智者《しゃべつちしゃ》之《こ》れを察《さっ》せよ。頌《じゅ》に曰《いは》く、

蓮《はちす》を観《くわん》じて自浄《じじょう》を知《し》り　菓《このみ》を見《み》て心徳《しんとく》を覚《さと》る
一道《いちどう》に能所《のうじょ》を泯《みん》ずれば　三車即《さんじゃすなは》ち帰黙《きもく》す

## 三　行人得益分

### 行人と利益

第三《だいさん》の行人得益分《ぎょうにんとくやくぶん》に二《ふたっ》有《た》り。人法《にんぽう》是《こ》れなり。初《はじめ》の人《にん》に七《なな》有《った》り。前《まえ》の六《むつ》後《のち》の一《ひとつ》なり。乗《じょう》の差別《しゃべつ》に随《したが》って薩埵《さった》に異《い》有《あ》るが故《ゆえ》に。

又《また》薩埵《さった》に四《よっ》有《あ》り。愚識金智《ぐしきこんち》是《こ》れなり。

次《つぎ》に又法《またほう》に四《よつ》あり。謂《い》はく因行《いんぎょう》証入《しょうにゅう》なり。般若《はんにゃ》は即《すなは》ち能因能行《のういんのうぎょう》。無《む》礙離障《げりしょう》は即《すなは》ち入涅槃《にゅうねはん》。能証《のうしょう》の覚智《かくち》は即《すなは》ち証果《しょうくわ》なり。文《もん》の如《ごと》く思知《しち》せよ。

頌《じゅ》に曰《いは》く、

行人《ぎょうにん》の数《かず》は是《こ》れ七《なな》つ　重二《ぢうに》彼《か》の法《ほう》なり
円寂《えんじゃく》と菩提《ぼだい》と　正依《しょうえ》何事《なにごと》か乏《とぼ》しからん

## 四　総帰持明分

### 般若の持明

第四《だいし》の総帰持明分《そうきぢみょうぶん》に又三《またみつ》あり、名体用《みょうたいゆう》なり。四種《ししゅ》の呪明《しゅみょう》は名《な》を挙《あ》げ、真実不虚《しんじつぷこ》は体《たい》を指《さ》し、能除諸苦《のうじょしょく》は用《ゆう》を顕《あら》はす。名《な》を挙《あ》ぐる中《なか》に、初《はじめ》の是大神呪《ぜだいじんしゅ》は声聞《しょうもん》の真言《しんごん》、二《に》は縁覚《えんがく》の真言《しんごん》、三は《さんな》大乗《だいじょう》の真言《しんごん》、四《し》は秘蔵《ひぞう》の真言《しんごん》なり。若《も》し通《つう》の義《ぎ》を以《もっ》ていはば一一《いちいち》の真言《しんごん》に皆《みな》四名《しみょう》を具《ぐ》す。略《りゃく》して一隅《いちぐう》を示《しめ》す。円智《えんち》の人三即帰一《にんさんそくきいち》せよ。頌《じゅ》に曰《いは》く、

総持《そうぢ》に文義《もんぎ》有《あ》り　忍呪《にんしゅ》悉《ことごと》く持明《ぢみょう》なり
声字《しょうじ》と人法《にんぼう》と　実相《じっそう》とに此《こ》の名《な》を具《ぐ》す

## 五　秘蔵真言分

### 秘蔵の真言

第五《だいご》の秘蔵真言分《ひぞうしんごんぶん》に五《いつつ》有《あ》り。初《はじめ》の𑖐《ぎゃ》𑖝𑖸《てい》は声聞《しょうもん》の行果《ぎょうくわ》を顕《あらは》し、二《に》の𑖐《ぎゃ》𑖝𑖸《てい》は縁覚《えんがく》の行果《ぎょうくわ》を挙《あ》げ、三《さん》の𑖢𑖯𑖨《はら》𑖐《ぎゃ》𑖝𑖸《てい》は諸大乗《しょだいじょう》最勝《さいしょう》の行果《ぎょうくわ》を指《さ》し、四《し》の𑖢𑖯𑖨《はら》𑖭𑖽《そう》𑖐《ぎゃ》𑖝𑖸《てい》は真言曼荼羅具《しんごんまんだらぐ》足輪円《そくりんねん》の行果《ぎょうくわ》を明《あか》し、五《ご》の𑖤𑖺《ぼう》𑖠𑖰《ぢ》𑖭𑖿𑖪《そわ》𑖮𑖯《か》は上《かみ》の諸乗《しょじょう》究竟《くきょう》菩提《ぼだい》証入《しょうにゅう》の義《ぎ》を説《と》く。

句義《くぎ》是《かく》の如《ごと》し。若《も》し字相義等《じそうぎとう》に約《やく》して之《こ》れを釈《しゃく》せば、無量《むりょう》の人法等《にんぼうとう》の義《ぎ》有《あ》り、劫《こう》を歴《へ》ても尽《つく》し難《がた》し。若《も》し要聞《ようもん》の者《もの》は法《ほう》に依《よ》って更《さら》に問《と》へ。

頌《じゅ》に曰《いは》く、

真言《しんごん》は不思議《ふしぎ》なり　観誦《くわんじゅ》すれば無明《むみょう》を除《のぞ》く
一字《いちじ》に千理《せんり》を含《ふく》み　即身《そくしん》に法如《ほうにょ》を証《しょう》す
行行《ぎょうぎょう》として円寂《えんじゃく》に至《いた》り　去去《ここ》として原初《げんしょ》に入《い》る
三界《さんがい》は客舎《かくしゃ》の如《ごと》し　一心《いっしんな》は是《こ》れ本居《ほんこ》なり

## 問答決疑分

### 1　真言の説不

問《と》ふ。陀羅尼《だらに》は是《こ》れ如来《にょらい》の秘密語《ひみつご》なり。所以《このゆえ》に古《いにしへ》の三蔵《さんぞう》、諸《もろもろ》の疏家《しょけ》、

## 2　顕教と密教

皆口《みなくち》を閉《と》ぢ筆《ふんで》を絶《た》つ。今此《いまこ》の釈《しゃく》を作《つく》る、深《ふか》く聖旨《しょうし》に背《そむ》けり。如来《にょらい》の説法《せっぽう》に二種《にしゅ》有《あ》り。一《ひとつ》には顕《けん》二《ふたつ》には秘《ひ》、顕機《けんき》の為《ため》には多名句《たみょうく》を説《と》き、秘根《ひこん》の為《ため》には総持《そうぢ》の字《じ》を説《と》く。是《こ》の故《ゆえ》に如来自《にょらいみづか》ら𑖀字《あじ》𑖪𑖽字等《をんじとう》の種種《しゅじゅ》の義《ぎ》を説《と》いたまへり。是《こ》れ則《すなは》ち秘機《ひき》の為《ため》に此《こ》の説《せつ》を作《な》す。

龍猛無畏広智等《りゅうみょうむいこうちとう》も亦其《またそ》の義《ぎ》を説《と》いたまふ。能不《のうふ》の間《あいだ》教機《きょうき》に在《あ》りまくのみ。之《これ》を説《と》き之《これ》を黙《もく》する、並《なら》びに仏意《ぶっち》に契《かな》へり。

問《と》ふ。顕密二教《けんみつにきょう》其《そ》の旨《むね》天《はるか》に懸《はるか》なり。今此《いまこ》の顕経《けんぎょう》の中《なか》に秘義《ひぎ》を説《と》く不可《ふか》なり。

医王《いおう》の目《め》には途《みち》に触《ふ》れて皆薬《みなくすり》なり。解宝《げほう》の人《にんな》は砿石《こうしゃく》を宝《たから》と見《み》る。知《し》ると知《し》らざると何誰《たれ》が罪過《ざいくわ》ぞ。

又此《またこ》の尊《そん》の真言儀軌観法《しんごんぎきくわんぼう》は、仏金剛頂《ほとけこんごうちょう》の中《なか》に説《と》いたまへり。此《こ》れ秘《ひ》が中《なか》の極秘《ごくひ》なり。応化《おうけ》の釈迦《しゃか》は給孤園《きっこおん》に在《いま》して、菩薩天人《ぼさつてんにん》の為《ため》に画像《えぞう》壇法真言手印等《だんぼうしんごんしゅいんとう》を説《と》いたまふ。亦是《またこ》れ秘密《ひみつ》なり。陀羅尼集経《だらにじっきょう》の第三《だいさん》の巻是《まきこ》れなり。

顕密《けんみつ》は人《たにん》に在《あ》り、声字《しょうじ》は即《すなは》ち非《ひ》なり。
然《しか》れども猶《なほ》顕《けん》が中《なか》の秘《ひ》、秘《ひ》が中《なか》の極秘《ごくひ》なり。浅深《せんじん》重重《じゅうじゅう》まく耳《のみ》。

## 第三、流通分

### 讃歎流通分

我《わ》れ秘密真言《ひみつしんごん》の義《ぎ》に依《よっ》て　略《りゃく》して心経《しんぎょう》五分《ごぶん》の文《もん》を《の》讃《さん》ず
一字一文《いちじいちもん》法界《ほうかい》に遍《へん》じ　無終無始《むじゅうむし》にして我《わ》が心分《しんぶん》なり
翳眼《えげん》の衆生《しゅじょう》は盲《めし》ひて見《み》ず　曼儒般若《まんじゅはんにゃ》は能《よ》く紛《ふん》を《の》解《と》く
斯《こ》の甘露《かんろ》を灑《そそ》いで迷者《めいしゃ》を霑《うるほ》す　同《おな》じく無明《むみょう》を断《だん》じて魔軍《まぐん》を《の》破《は》せん

### 尾題

般若心経秘鍵《はんにゃしんぎょうひけん》

## 附・上表文

于時《ときに》弘仁《こうにん》九年《くねん》の春天下大疫《はるてんかたいえき》す。

爰《ここ》に帝皇自《ていおうみづか》ら黄金《おうごん》を《の》筆端《ひったん》に染《そ》め、紺紙《こんし》を爪掌《そしょう》に握《にぎ》って、般若心経一《はんにゃしんぎょういち》巻《くわん》を《の》書写《しょしゃ》し奉《たてまつ》りたもふ。予講読《よこうどく》の撰《せん》に範《のっと》って経旨《きょうし》の宗《むね》を綴《つづ》る。未《いま》だ結願《けちぐわん》の詞《ことば》を吐《は》かざるに、蘇生《そしょう》の族《やから》途《みち》に亍《たた》ずむ。夜変《よへん》じて日光赫《にっこうかく》赫《かく》たり。是《こ》れ愚身《ぐしん》が戒徳《かいとく》に非《あら》ず、金輪御信力《きんりんぎょしんりき》の所為《しょい》なり。

但《ただ》し神舎《じんじゃ》に詣《けい》せん輩《ともがら》、此《こ》の秘鍵《ひけん》を誦《のじゅ》じ奉《たてまつ》るべし。昔予《むかしよ》鷲峰説法《じゅぶうせっぽう》の莚《むしろ》に陪《はんべ》って、親《まのあた》り是《こ》の深文《じんもんのき》を聞き、豈其《あにそ》の義《ぎ》に達《たっ》せざらんやまくのみ。

入唐沙門空海上表《にっとうしゃもんそれがしじょうひょう》

【附記】

ここに収載した『般若心経秘鍵』の読み下し文は、中川善教編『真言宗常用諸経要集』（一九六八年、松本日進堂）に収録されているものを依用させていただいた。転載することをご許可たまわりました親王院住職安田弘明師に、篤く御礼申し上げます。本書に収載するにあたっては、旧字・異体字などは常用漢字に改めた。また、『定本弘法大師全集』所収の『般若心経秘鍵』本文と校合し、二・三の文字を『定本全集』の漢字に改めた。なお、訓読そのものは中川善教先生の訓《よ》み・表記にしたがった。

# 現代語訳『般若心経秘鍵』

武内孝善訳

題目　**般若心経秘鍵**　序文を付す　　**遍照金剛空海が撰述した**

## 第一、序分

### 祈請の偈頌

帰敬序

文殊菩薩が手にもつ利剣は、もろもろの誤った考えや戯れの考えを断ちきる。

般若仏母が手にもつ梵文の経典は、そこに説かれる教えにもとづいて開悟するので、仏の師という。

般若菩薩の悟りの境地を一字で表わした真言は《ヂク》であり、文殊菩薩の一字の真言は《マン》である。

この一字の真言は、あらゆる経典の教えをすべて含め蔵《おさ》めているので陀羅尼（＝総持）ともいう。

## 発起序

はてしなく続く生死輪廻の苦しみの世界を、いかにすれば断ちきることができるか。

それはただ般若菩薩のさとり（内証）にいたる禅定（こころしずめ）と、文殊菩薩のさとりにいたる智慧（正しい思惟）とによる。

この般若と文殊二尊者のさとりの世界（三摩地の法門）を、釈尊は他のものに譲《ゆず》らないで自ら説かれた。

わたくし空海はいま、般若・文殊二菩薩のさとりの世界（＝『般若心経』）を讃歎し講述しようと思う。願わくは般若・文殊の二菩薩よ、あわれみとなさけ（哀悲）を垂れたまえ。

# 仏法の大綱

## 大綱序

仏の教えは私をはなれた遠くにあるのではない。私の心のなかにあって、極めて近いのである。さとり（＝真如）も私をはなれた外《そと》にあるのではない。この身体を捨ててどこに求めることができようか、わが身体以外に求めるところはない。

迷い・さとりはわが心のはたらきであるから、これまた、私の心をはなれては存在しない。だから、さとりを求める心（＝菩提心）を起こしさえすれば、直ちにさとりの境界にいたることができるのである。明るい世界（＝さとり）・暗い世界（＝迷い）も私をはなれて外《ほか》にはないのであるから、仏教の教えを堅く信じ、不屈の信念をもって、教えのとおりに実修すれば、たちまちに、さとりの世界を体解《たいげ》することができるのである。

このことに気づかないとは、ああ、何と哀れなことよ。哀れなことよ。真実の世界を知らないで、長い迷いの眠りをむさぼっている人よ。ああ、何と苦しいことよ。痛ましいことよ。迷いの世界に酔いしれている人よ。迷いの世界にひどく酔いしれている人は、酔っていない人を嘲《あざ》笑い、迷いの眠りにひどく落ちている人は、さとりを得た人（覚者）を嘲《あざ》けり笑うありさまだ。名医の薬に喩えられる仏陀の教えを訪ね学ばなければ、一体、いつになったら最高最妙なる大日如来の智慧の光りを受け、もともと具え持つ仏身を開顕することができようか。

人には煩悩の軽い者と重い者とがあるので、さとりにいたるにも遅い者と速い者とがある。それは、それぞれの宗教的な能力（＝機根）が同じではなく、性格と欲望も異なっているからである。

そこで、密教、すなわち大日如来の教えは『金剛頂経』と『大日経』との二つに分かれ異なっており、さとりへの手段は大智《さとり》の金剛界と大悲《なさけ》の胎蔵界の二つの道場が用意されているのである。

一方、顕教においては、人乗・天乗・声聞乗・縁覚乗・菩薩乗の五つの教法《おしえ》に分かれているが、これらは真実ではなく、幻《まぼろし》や影像のような権《かり》の方便《てだて》の教えであって、密教を前にしてもがいているのである。

このように、煩悩の毒を消し解脱にいたる教法の薬にも異なりがあるのである。

慈父のような仏が、迷える衆生・生きとし生けるものを教導する方法の大綱《あらまし》は、およそこのようなものである。

## 『般若心経』の大意

### 大意序

#### 1　心経の大綱

『大般若波羅蜜多心経』とは、大般若菩薩の大心真言、すなわち掲諦（ギャテイ）掲諦（ギャテイ）の真言に象徴される大般若菩薩のさとりの境界（三摩地の法門）を説いた教えのことである。その文章は一紙にみたないほど短く、その行数はわずかに十四行である。ことばはまことに簡単明瞭にして、要点はきっちり押さえられている。文章は簡潔にして、内容は極めて深遠である。

この経の一句一句には、経・律・論・般若・陀羅尼の五蔵に説かれる般若の智慧が余すところなく含まれ、一行一行には七宗の行果、すなわち華厳・三論・法相・声聞・縁覚・天台の顕教と真言密教との七宗の修行とさとりの境界を含んでいて、その上にまだ余裕があるのである。

#### 2　句々の深妙

『般若心経』中のもろもろの語句には深い意味が凝縮された形で説かれている。

「観自在菩薩」と「菩提薩埵」とは、諸乗、すなわち華厳・三論・法相・声聞・縁覚・天台・真言の諸宗の仏道修行者をあげたものであり、「度一切苦厄」と「究竟涅槃」とは、もろもろの教法《おしえ》によって得られる究極の安楽、すなわちさとりの境界をかかげ示したものである。

「五蘊」とは、横に空間的に色・受・想・行・識の五つの蘊《あつまり》からなる衆生の迷いの境界を指し、

「三世諸仏」とは、竪《たて》に時間的に過去・現在・未来の三世にわたる仏のさとり（悟心）の境界を示したものである。

「色空」すなわち「色不異空、空不異色」等とは、この宇宙に存在するすべてのものは互いに融けあい一つになっている円融《とけあい》の義を説いているので、そのさとり（内証）をつかさどる普賢《ふげん》菩薩は、よろこび微笑まれる。これは華厳宗の教えにあたる。

「不生不滅、不垢不浄、不増不減」とは、一切の戯れの論《たわごと》を断絶する境界を説いているので、そのさとり（内証）をつかさどる文殊菩薩は、破顔微笑される。これは三論宗の教えにあたる。

「是故空中無色、無受想行識」から「乃至無意識界」とは、五蘊・十二処・十八界など現象界の一切のものは、因縁によって仮りに和合し

ている実体なきもので、われわれの識のはたらきによっているに過ぎないと説いているので、そのさとり（内証）をつかさどる弥勒菩薩は、手を拍《う》って歓喜される。これは法相宗の教えにあたる。

「無智亦無得、以無所得故」とは、智（見るもの＝主体）と境（見られるもの＝客体）とは対立をはなれて一つであり、声聞・縁覚・菩薩の三乗の教えは『法華経』に説かれる一仏乗に納まると説いているので、そのさとり（内証）をつかさどる観自在菩薩は、会心の笑みをうかべる。これは天台宗の教えにあたる。

「無無明亦無無明尽、乃至無老死亦無老死尽」とは、十二因縁観を説いたもので、その観想を修することによって生死流転の本源を断ってさとりを得る縁覚、また麒麟の一角に喩えられる無師独悟する縁覚のさとり（内証）を指し示したもので、縁覚乗の教えにあたる。

「無苦集滅道」とは、四つの真理、すなわち苦・集・滅・道の四諦を説いたもので、四諦にはそれぞれ苦・空・無常・無我等の四行相（あわせて十六行相）があって、この十六行相を観想することによって、羊の車に喩えられる声聞乗の人に説示・驚覚して、声聞の人をさとりに向かわせる。これは声聞乗の教えにあたる。

ましてや、般若菩薩の大心真言「掲諦（ギャテイ）掲諦（ギャテイ）波羅掲諦（ハラギャテイ）波羅僧掲諦（ハラソウギャテイ）」のなかの掲諦（ギャテイ）の二字には、大小顕密すべての教えの修行による成果＝さとりが詰まっている。波羅《ハラ》（Pāra）と波羅僧《ハラソウ》（Pāra-saṁ）との二つの語には、顕教と密教の一切の教法《おしえ》の理趣、すなわち奥深い意義がこめられている。

これらの真言の一つ一つの音声と文字には、無量の奥深い意味が含まれているから、劫《ごう》という無限に近い時間をかけて論談しても、談じ尽くすことはできない。一つ一つの文字の表面（名）とその真実なる意味（実）は、広大・甚深であるから、いかに無量無数の仏といえども、これを究め尽くし、ことごとく説き示すことはできない。

## 3　利益の殊勝

このように、一つ一つの文字に無量の功徳が具わっているので、この『般若心経』を読誦し受持し講説し供養すれば、ただちに一切の苦しみを抜きさり安楽を与えることができ、さらに進んで、『般若心経』

にもとづいて修習し、その内容をよく思惟すれば、さとりを得、天眼・天耳・他心・宿命・神足・漏尽の六神通を得て、あらゆる神通力を発揮することができる。

このように、極めて勝れた功徳を具えているから、『般若心経』に「深般若波羅蜜多《ハンニャハラミタ》を行ずる時」と、「甚深」なることばで称歎されるのは、まことに当を得たことというべきである。

## 撰述の目的

わたくし空海はいま、若い弟子たちを教導するにあたり、少しばかり『般若心経』の要点をとりまとめ、本文を五つに分け、独自の解釈をすることにした。五つとは、人法総通分《にんぽうそうつうぶん》・分別諸乗分《ふんべつしょじょうぶん》・行人得益《ぎょうにんとくやく》分《ぶん》・総帰持明分《そうきぢみょうぶん》・秘蔵真言分《ひぞうしんごんぶん》である。すでに多くの学者が『般若心経』を註釈しているが、いずれも『心経』の幽玄なる意趣を十分に解き明かしていない。ここにいう幽玄なる意趣とは、大般若菩薩の大心真言を説いた経典であるとみなすことであり、従来の註釈者は、ただ『大般若経』の精髄を要約したものとするだけであった。

いくつか伝存する『般若心経』には、翻訳者によって語句に同異のあることや、この『心経』を顕教の経典とみるか、密教の経典とみるかの違いについては、いずれも後に詳述するとおりである。

## 疑義の問答

ある人が質問する。「あなたは、この『般若心経』の一字一句には、経・律・論・般若・陀羅尼の五蔵に説かれる般若の智慧と、華厳・三論・法相・声聞・縁覚・天台の顕教と真言密教との七宗の修行とさとりの境界が、すべて包含されているという。しかるに、この『心経』はただ空の一端を説いたものであり、『解深密経《げじんみっきょう》』に説く三時教判によれば、『般若経』は第二時に説かれた「いまだ義を十分に説き尽くしていない不完全な教え」＝空教の未了《みりょう》義《ぎ》経《きょう》であるという。どうしてこの「未了義の経＝般若経」が、第三時に説かれた「道理を完全に説き尽くした教え」＝中道教の顕了経《けんりょうきょう》を包含することができるか」と。

お答えする。「『般若心経』は般若菩薩のさとりの境界を説く密教経典であるから、『心経』に説かれている説法は、たった一字のなかにも人・天・声聞・縁覚・菩薩の五乗の教えを含み、一念の一瞬間に経・律・論三蔵のすべての教え（法）が説き明かされるのである。一字一念でさえこのようであるから、ましてや経典の一巻または一章には、五乗・三蔵の教えがどうして乏しく、もしくは欠落していることがあろうか。

亀の甲に現われた八卦《はっけ》、すなわち乾《けん》＝天、坤《こん》＝地、坎《かん》＝水、離《り》＝火、艮《ごん》＝山、兌《だ》＝沢、巽《そん》＝風、震《しん》＝雷や、算木《さんぎ》・筮竹《ぜいちく》による占《うらな》いのなかに、天地間の万象がすべて包含されており、帝釈天宮をかざる珠網の一つ一つの珠に、他のすべての珠がことごとく映じあっているように、もしくは帝釈天所造の梵語の文法書『声明論』には、一字一句に多くの意味が含まれ尽きることがないようなものである」と。

さらに質問していう。「もし『般若心経』がそれほど深い意味をもった経典であれば、古来の著名な註釈者たち、すなわち慈恩《じおん》大師窺基《きき》とか賢首《げんじゅ》大師法蔵とかは、なぜ、そのことを説き示さなかったのであろうか」と。

お答えする。「聖人たる仏菩薩たちが教法をお説きになる時は、聞き手の生まれつき具え持つ宗教的な素質・能力（機根）の深い浅いにしたがって、それぞれに相応《ふさわ》しい教えを説くのである。賢者（高僧）が教えを説き、あるいは沈黙して説かないのは、いま説くべき時機であるかを待ち、まちがいなく理解できる人との出逢いを待つからである。

ではなぜ、古来の学者が『般若心経』の奥深い趣旨を説かなかったのか、その理由がよくわからない。説くべき時機であったにもかかわらず説かなかったのか、説くべき時機でなかったから説かなかったのか。

しかるに、いま私が密教眼をもって、『般若心経』の奥深い趣旨をあえて説くことは、説くべき時でないのに説くことになるのか、よくわからない。これが過失となるかどうかは、一切智を具えた仏（大日如来）の裁断を仰ぐしかない」と。

## 第二、正宗分

### 心経の題釈

『仏説摩訶般若波羅蜜多心経』という経典の題目は、二つに分けられる。それは梵語と漢語との二つである。いま、さらに詳しくいえば、

「仏説摩訶般若波羅蜜多心経」の十二字には、梵語と漢語とが雑《まざ》っている。すなわち、「説」「心」「経」の三字は漢語であり、残りの九字「仏」「摩訶般若波羅蜜多」は梵語である。

もしこの経題を、梵語だけでいうと、「ボダハシャ（仏陀婆娑）、マカハラジャハラミタ（摩訶般若波羅蜜多）、カリダ（干栗多）、ソタラン（素怛覧）（Buddha-bhāṣa-mahāprajñāpāramitā-hṛdaya-sūtram）」というのである。

このなか、はじめの二字 Buddha（仏陀ボダ＝仏）は「円満覚者」、すなわち自らさとり・他をさとらせる二利を円満せられた覚者たる仏陀の名である。

つぎの二字 bhāṣā（婆娑ハシャ＝説）は「説けるもの」という意味で、すなわち秘密の奥深い教えを開悟し、そのなかの甘露にも等しい教えを、広く説き施すことをいうのである。

つぎの二字 mahā（摩訶マカ＝大）は「大多勝」、すなわち大いなるもの、多くのもの、勝れたるもの、といった意味を表わす。

つぎの二字 prajñā（般若ハンニャ）は「定恵」、すなわち般若菩薩の禅定によって得られた真実の智慧という意味である。

つぎの三字 pāramitā（波羅蜜多ハラミタ）は「所作已弁」、すなわち成すべき修行をすべて完成して、生死の岸からさとり・涅槃の岸に到達するという意味である。

つぎの二字 hṛdaya（干栗多カリダ＝心）は「処中」、すなわち「心の中にあるもの」「ものごとの中心・心髄」などの意味で、ものの中央にて処するという意味を表わす。

つぎの二字 sūtraṃ（素怛覧ソタラン＝経）は「貫線摂事」、もとは「糸を通す」という意味で、糸をもって花を貫いて花輪をつくるように、あらゆる妙義を貫いてまとめもつ（摂持）ものということで、「経」と訳される。

もしこの経題を総合的にみると、七種ある経題解釈法のうち、この経題には「人」と「法」と「喩」の三つの解釈法が具わっている。すなわち、この経題は「大般若波羅蜜多菩薩」の名前を示したものとみられるから、「人」である。この大般若菩薩は真言三摩地の法門、すなわちさとりの境界をことごとく具足しており、経題の一つ一つの文字は大般若菩薩のさとり（内証）を表わす法曼荼羅であるから、「法」である。さらに、この経題の一つ一つの名字は、みな世間の浅い意味をもつことばに過ぎないけれども、真実のさとりそのもの（法性）の深い意味を表わしているから、「喩」である。このように、この経題は「人」「法」「喩」の三つを具えており、密教の奥深い意味を示すものとなっているのである。

## 心経の要旨

### 1 心経の説聴

この大般若菩薩の大心三摩地の法門、すなわち大般若菩薩のさとりの境界を説いた『般若心経』は、仏陀が王舎城の東北にある耆闍崛山（ギジャクツセン Gṛdhara-kūṭa）すなわち鷲峰山（霊鷲山）において、舎利弗《しゃりほつ》（＝鶖子《しゅうし》）たちのために説かれたものである。

### 2 漢訳の種類

この『般若心経』には、数種類の翻訳がある。

第一は、羅什三蔵（三五〇～四〇九頃）の翻訳である。いまここに用いるところの『心経』は、この羅什訳である。

つぎは、唐の玄奘三蔵（六〇二～六六四）（遍覚三蔵と諡《おくりな》された）の翻訳である。この玄奘訳には、経題に「仏説摩訶」の四字がなく、「五蘊」の下に「等」の字が加えられ、「遠離」の下の「一切」が除かれている。また「掲諦（ギャテイ）掲諦（ギャテイ）」などの陀羅尼（ダラニ）の後に功徳を説く功能《くのう》の文はない。

つぎは、大周（則天武后の時代）の義浄三蔵（六三五～七一三）の訳本である。この義浄訳には、経題に「摩訶」の字を省き、「掲諦（ギャテイ）掲諦（ギャテイ）」の真言の後に、功徳を説く功能の文が加えられている。

また、法月三蔵（七三三年来唐）、および般若三蔵（七八二年来唐）の翻訳がある。この二つの訳本には、序分と流通分とが付加されている。

また、『陀羅尼集経』第三巻（『大正蔵経』一八・八〇七中）には、この『般若心経』に関する真言の秘法が説かれている。その経の題目は『般若波羅蜜多大心経』となっており、羅什の訳本と同じである。

## 3　心経の顕密

この経の題目『般若心経』にみられる「般若心」とは、大般若菩薩に身陀羅尼（大心陀羅尼）と心陀羅尼とがあり、この『心経』に説かれる「掲諦（ギャテイ）掲諦（ギャテイ）……」の真言は、その大心呪＝大心真言（陀羅尼）にあたる。この大心真言によって、「般若心」の名を得たのである。だから、『般若心経』は密教経典に属するのである。

ある人がいう。「『般若心経』は、『大般若経』の肝心要（心要）を略出したものであるから、「般若心」と名づけたのであり、独立の経典として別の会場で説かれたものではない」と。この説によると、『般若心経』は顕教の経典となる。

（お答えする。）しかしこれは、皮相の見解に過ぎない。あたかも巨大な龍に蛇に似た鱗《うろこ》があるからといって、その龍を蛇だといえないように、ただ『般若心経』のなかに『大般若経』に似た文章があったとしても、これをもって、ただちに顕教の経典だということはできない。『般若心経』は、大般若菩薩の大心真言の三摩地の法門（さとりの境界）を説いた経典であるから、明らかに密教の経典なのである。

## 『般若心経』の五分科

　この『般若心経』の全体を段落分けすると、五つに区分することができる。

　第一は人法総通分《にんぽうそうつうぶん》、すなわち般若の法とその法を修行する人とを総合的に説く段落で、経文の「観自在」から「度一切苦厄」までが、これである。

　第二は分別諸乗分《ふんべつしょじょうぶん》、すなわち般若の法は華厳・三論・法相・声聞縁覚・天台の五つの教えに分かれ、これら顕教に属する五つの教え（乗）の要点を説く段落で、経文の「色不異空」から「無所得故」までが、これである。

　第三は行人得益分《ぎょうにんとくやくぶん》、すなわち般若の法を修行する人が利益を得てさとりにいたることを説く段落で、経文の「菩提薩埵」から「三藐三菩提」までが、これである。

　第四は総帰《そうき》持《じ》明分《みょうぶん》、すなわちこれまで説いてきたすべての教えは、最終的には第五分の真言に帰一することを説く段落で、経文の「故知般若」から「真実不虚」までが、これである。

　第五は秘《ひ》蔵真言分《ぞうしんごんぶん》、すなわち正しく般若菩薩の秘蔵の真言である大心真言を説き、この真言が『般若心経』の肝心要であると説く段落で、経文の「掲諦（ギャテイ）掲諦（ギャテイ）」から「薩婆訶（ソワカ）」までが、これである。

＊ここで、玄奘訳の『般若心経』の本文を五分に配当すると、つぎのようになる。

一　人法総通分……………観自在菩薩、行深般若波羅蜜多時、照見五蘊皆空、度一切苦厄、

二　分別諸乗分　建（華厳）…舎利子、色不異空、空不異色、色即是空、空即是色、受想行識亦復如是

絶（三論）…舎利子、是諸法空相、不生不滅、不垢不浄、不増不減、

相（法相）…是故空中無色、無受想行識、無眼耳鼻舌身意、無色声香味触法、無眼界、乃至、無意識界、

二（二乗）…無無明亦無無明尽、乃至、無老死亦

無老死尽、無苦集滅道、

一（天台）……無智亦無得、以無所得故、

三　行人得益分……菩提薩埵、依般若波羅蜜多故、心無罣礙、無罣礙故、無有恐怖、遠離一切顚倒夢想、究竟涅槃、三世諸仏、依般若波羅蜜多故、得阿耨多羅三藐三菩提、

四　総帰持明分……故知、般若波羅蜜多是大神呪、是大明呪、是無上呪、是無等等呪、能除一切苦、真実不虚、

五　秘蔵真言分……故説般若波羅蜜多呪、即説呪曰、掲諦掲諦、波羅掲諦、波羅僧掲諦、菩提薩婆訶、

## 一　人法総通分

因行証入時　第一の人法総通分、すなわち般若の法とその法を修行する人とを総合

的に説く段落では、五つのことが説かれている。五つとは、

因……観自在菩薩が本覚（生まれながらにさとりを具えている）
　を有していること＝発心

行……観自在菩薩が深般若を行ずること＝修行

証……修行の結果、空を照見しさとりを得ること＝菩提

入……一切の苦厄を脱却して涅槃に入ること＝涅槃

時……行者がさとりを得るまでにかかる時間

である。つまり、因・行・証・入は、行者が修行を積むことにより菩提心が清められ、さとりにいたる階梯を四段階に分けたもの、発心・修行・菩提・涅槃にあたり、そのさとりを得るまでの時間が「時」である。

『般若心経』の本文でいうと、「観自在菩薩、深般若波羅蜜多を行ずる時、五蘊皆空なりと照見して、一切の苦厄を度す」までが、この段落に相当する。

経文の「観自在菩薩」とは、般若菩薩の教えを自由自在に観察し修行する人のことで、この人は生まれながらにさとりを具えて（本覚）

おり、この菩提心を「因」として修行し仏果＝さとりを得るにいたるのである。つまり、「因」にあたる。

「深般若波羅蜜多を行ずる」の「深般若」とは、般若菩薩のさとりの境界を瞑想することであり、この般若菩薩の瞑想の境地は顕教の浅略の般若とは異なり甚深の般若＝深般若である。この深般若は瞑想の対象である所観の法であり、観自在菩薩すなわち瞑想する修行者が能観の法である。修行者が深般若を行ずるから、「行」という。

「五蘊皆空なりと照見し」とは、この宇宙に存在する一切のものは、五蘊すなわち色と受と想と行と識との五つのあつまり（蘊）であるが、それらはことごとく実体のないもの（空）であると明らかに見てさとる（証悟）ことを示したもので、これを「能証の智」といい、「証」にあたる。

「一切の苦厄を度す」とは、一切の苦しみとわざわい（苦厄）を取りさり、この証悟（さとり）の智によって「皆空」なることをさとれば、煩悩生死の苦を超越して安楽の果が得られる。この果とは涅槃に入ることであるから、「入」という。

経文の「時」とは、般若菩薩の教えを修行する人は、七宗・五蔵など多様であって、これら顕教・密教の教えによって修行する人の智慧は、浅きもの、深きものなど実に無量である。この智慧が無量なので、発心・修行して仏果にいたるまでの時間にも遅速さまざまな違いがある。これは修行の「時」をあげたものである。たとえば、華厳宗では見聞位・解行位・証果位の三生を説き、三論宗や法相宗では無限に近い三劫を要すると説き、声聞乗では六十劫かかるといい、縁覚乗では百劫の時間を要するという。しかるに、密教では「劫」を時間の単位とはみなさず、妄執（こころのまよい）とみ、粗《そ》（あらい）と細《さい》（こまかい）と極細《ごくさい》（きわめてこまかい）の三つの妄執を一念、一時、一生に断じて成仏しうるという。このように、人の宗教的な能力によって、さとりにいたるまでの時間に差異がある。これを「時」というのである。

以上の要点を偈頌にまとめると、つぎのようになる。

観自在菩薩によって代表される修行者が、深般若の智慧の教えを
修行して、

色・受・想・行・識の五蘊からなるあらゆるものは、ことごとく実体がない空なることを明らかに知る。
三生・三劫・六十劫・百劫などの長い時間修念するものは、顕・密にわたるそれぞれの教えにおける修行の結果として煩悩を離れて、般若菩薩のさとりの一心に通達するのである。

## 二　分別諸乗分

第二の分別諸乗分、すなわち般若の法は華厳・三論・法相・声聞縁覚・天台の五つの教えに分かれ、これら顕教に属する五つの教え（乗）の要点を説く段落では、五つのことが説かれている。五つとは、

建……建立如来の三摩地門、すなわち普賢菩薩のさとりの境界を表わす華厳宗の教え。

絶……無戯論如来の三摩地門、すなわち文殊菩薩のさとりの境界を表わす三論宗の教え。

相……弥勒菩薩の三摩地門を表わす法相宗の教え。

二……唯蘊無我心と抜業因種心の法門を表わす声聞・縁覚二乗の

教え。

一……得自性清浄如来の三摩地門、すなわち聖観自在菩薩のさとりの境界を表わす天台宗の教え。

である。

初めの「建」とは、建立如来の三摩地門、すなわち普賢菩薩のさとりの境界を説いたもので、華厳宗の教えがこれである。『般若心経』の本文でいうと、「色不異空」から「亦復如是」まで、すなわち、

舎利子よ、色《しき》は空《くう》に異ならず、空は色に異ならず、色は即ち是れ空なり、空は即ち是れ色なり、受と想と行と識とも亦復《またまたかく》是の如し。

が、この建立如来のさとりの境界に相当する。

## 1 普賢のさとり

ここにいう「建立如来」とは、普賢菩薩の密教の世界での呼び名＝秘号である。この普賢菩薩は、大日如来の円かなるさとりの境界にいたる因位にいます菩薩である。この普賢菩薩のさとりの境界を説く華厳宗では、事理無礙《じりむげ》、理理無礙《りり》、事事無礙《じじ》の三法がまどかに融けあって（円融）一体となっている境界を、この宗の最上の教えとしている。

このように三法の円融の教えを建立するから、「建立如来」と名づけられたのである。この如来は、一切如来の菩提心にもとづいて上求菩提・下化衆生の願と行業を表わした身であり、普賢菩薩の誓願と行業の身でもあるから、華厳宗の教えを象徴するのである。

以上の要点を偈頌にまとめると、つぎのようになる。

色といい空というも、『般若心経』に「色は空に異ならず、空は色に異ならず、色は即ち是れ空なり、空は即ち是れ色なり」と説かれているように、本より色と空は不二にして一体である。

色に相当する事、空に相当する理も、もとより別異のものではない、事理不二にして同一である。

この無礙に事理・理理・事事の三種あるが、この三種は本より無礙円融している。

この三種の無礙円融は、黄金と黄金で造られた師子の喩えや水と波との喩えでもって説かれるが、この喩えは華厳宗の教えをよく説き示している。

## 2　文殊のさとり

分別諸乗分の第二「絶」とは、無戯論如来の三摩地門、すなわち文殊菩薩のさとりの境界を表わす三論宗の教えがこれである。『般若心経』の本文でいうと、「是諸法空相」から「不増不減」まで、すなわち、

舎利子よ、是の諸法は空の相なり。不生にして不滅、不垢にして不浄、不増にして不減なり。

が、この無戯論如来のさとりの境界に相当する。

ここにいう「無戯論如来」とは、文殊菩薩の密教の世界での呼び名＝秘号である。この文殊菩薩は、八不すなわち不生・不滅・不断・不常・不一・不異・不来・不去の利剣を揮って、よく妄執（心のまよい・とらわれ）の心すなわち一切の戯論を絶ちきる。だから、この一段を「絶」と名づけたのである。

以上の要点を偈頌にまとめると、つぎのようになる。

不生・不滅・不断・不常・不一・不異・不来・不去の八不によって、一切の戯論を断ち真実の世界を顕わす。

この教えを具体的に人で表わすと、文殊菩薩がそれである。

この文殊菩薩の三摩地の法は、空の妙理を説いたものであり、中国の三論宗で深められた。三論宗では相待空・絶待空・独空の三種をたて、なかでも独空が究極の奥深い世界＝畢竟の理であり、この畢竟の理から生ずる般若のはたらきは、もっとも幽玄にして真実である。

## 3　弥勒のさとり

分別諸乗分の第三「相」とは、摩《マ》訶《カ》梅《バイ》多《タ》羅《ラ》冐《ボウ》地《ヂ》薩《サ》怛《ト》嚩《バ》（Mahā-maitreya-bodhi-sattva）の三摩地門、すなわち弥勒菩薩のさとりの境界を表わす法相宗の教えがこれである。

『般若心経』の本文でいうと、「是故空中無色」から「無意識界」まで、すなわち、

是の故に、空の中には色も無く、受・想・行・識も無く、眼・耳・鼻・舌・身・意も無く、無色・声・香・味・触・法も無く、眼界も無く、乃至、意識界も無し。

が、この弥勒菩薩のさとりの境界に相当する。

弥勒菩薩のさとりの境界である大慈の三昧は、あらゆるものに楽を

与えることをもって最上の教えとし、善き行業によって勝れた結果が得られ、悪しき行業によってよくない結果をひきおこすとの道理を示して誡《いまし》めとしている。

その教えの基本は、相と性、すなわち現象と本質との区別を論じ、この二つはどこまでも平行であって融合しない、われわれが見聞するこの宇宙の一切はただ識の転変にすぎず、真実の本性・実体があるのではないとする。唯識は唯心であって、この宇宙の実在はただ心だけであり、見聞する一切は心の変現にすぎない、つまり心外の世界＝境は真実でない虚妄であると打ち消し、ただ心識のみある、とみるのが、法相宗の趣旨である。

以上の要点を偈頌にまとめると、つぎのようになる。

人我＝五蘊からなる人身に我あり実在するとの執《とら》われ、法我＝この宇宙に存在するものは実在するとの執《とら》われ、これらの妄執があらゆる迷妄の根源であるが、いつになったら人々は、この妄執を断ちきることができるか。

それは、三大阿僧祇劫という無限に近い長い年月にわたって六波羅蜜・唯識観などを修し、転識得智《てんじきとくち》して四法身を証得することができるのである。

人の意識構造は、眼・耳・鼻・舌・身・意の六識と末那識《まなしき》と阿頼《あら》耶識《やしき》（阿陀那識《あだなしき》ともいう）との八識からなり、第八の阿頼耶識はあらゆる識の根源・心の根底にあるものであるから「心識の本性＝識性」といい、経験したことすべてを潜在意識として保持する。この宇宙の一切は、阿頼耶識より変現した幻《まぼろし》・影像であって実体はない。よって、実に対する仮りの名、主人に対する客人であって、仮りの存在でしかないのである。

## 4 声聞縁覚のさとり

### 縁覚のさとり

分別諸乗分の第四「二」とは、唯蘊無我心と抜業因種心のさとりの境界を表わす声聞・縁覚二乗の教えがこれである。

『般若心経』の本文でいうと、「無無明」から「無老死尽」まで、すなわち、

無明も無く、亦《また》無明の尽くることも無く、乃至、老死も無く、亦《また》老死の尽くることも無い。

は、十二因縁を観じてさとる（＝因縁仏）縁覚乗のさとりの境界を表わしたものである。

この乗の要点を偈頌にまとめると、つぎのようになる。

縁覚乗の人は、風に散る木の葉を見ては、世の無常を観じ、深く因縁の道理を知る。

では、六道の生死輪廻を断ちきり覚るには、どれほどの年月を要するかといえば、四生もしくは百劫の長きにわたる修行が必要である。

露《つゆ》にしぼむ花を見ては、世の無常をさとり、生死輪廻・迷いの根源である十二因縁の無明の種子を取り除き、縁覚のさとりにいたる。

鹿車に喩えられる縁覚、羊車に喩えられる声聞、この二つを相連ねて二乗と称するのである。

## 声聞のさとり

『般若心経』の本文に「無苦集滅道」とある、この一句五字は、仏の説法を聞いてさとりを得る声聞乗のさとりの境界を表わしたものである。

この乗の要点を偈頌にまとめると、つぎのようになる。

不浄観を修して肉体への執着を断ちきろうとする観法の一つ、九想観の第八・白骨相《はくこつそう》を観ずるに、人が死んで散乱する白骨を観ぜよ。この白骨に、生前、大切に想っていた「我《われ》」と呼べるものがどこにあるか、どこにもない。

第三・青瘀《しょうお》相を観ずるに、日にさらされ青黒くむくんだ死体を観ぜよ。ここにはもはや「人《ひと》」といえるもの（我）はもとより存在しないことに気づくであろう。

声聞乗の人がわが師として規範とすべきものは、身・受・心・法の四念処観《しねんじょかん》である。すなわち、身は不浄であり、受は苦であり、心は無常であり、法は無我であると観じて、常・楽・我・浄の四顚倒《てんどう》（誤った見方）を離れるのである。

この観法を完成して阿羅漢になったとしても、煩悩を断じただけで、いまだ菩提を証し真のさとりには達していないから、真実のさとりの楽しみを得たとはいえない。

## 5　観自在のさとり

分別諸乗分の第五「一」とは、得自性清浄如来の三摩地門、すなわち阿《ア》哩《リ》也《ヤ》嚩《バ》路《ロ》枳《キ》帝《テイ》冒《ボウ》地《ヂ》薩《サ》怛《ト》嚩《バ》（Āryāvalokiteśvara-bodhisattva）＝聖観自在菩薩のさとりの境界を表わす天台宗の教えがこれである。『般若心経』の本文でいうと、「無智」から「無所得故」まで、すなわち、

　智も無く、亦《また》得も無し、所得無きを以ての故なり。

が、この得自性清浄如来のさとりの境界に相当する。

ここにいう「得自性清浄如来」とは、聖観自在菩薩の密教の世界での呼び名＝秘号である。

この得自性清浄如来＝聖観自在菩薩は、左手につぼみの蓮花（＝合蓮花）をもつ。この蓮花は、一切衆生が生まれながらに具え持つ仏性＝清浄なる菩提心を象徴する。つまり、蓮花は泥のなかから生じて、しかも泥に染まらず清らかな花を咲かせる。このように、衆生も無明煩悩にまとわれ生死輪廻を重ねているけれども、生まれながらに具え持つ仏性そのものは煩悩などに染まることはない。この蓮花が泥に染まらない道理（一道清浄の理）をすべての衆生に開示して、その衆生

の迷いの苦厄を抜き除くから得自性清浄如来といい、そのさとりの境界を「一」というのである。

『般若心経』の本文に「智も無く、亦《また》得も無し」とある「智」とは、あらゆるものを能く達観するちから（＝主体）をあげたものであり、「得」とはその「智」によって証《さと》るべき真理（＝客体）を名づけたものであり、「智」＝客体をはなれて主体なく、「理」＝主体をはなれて客体なし、をいったものである。つまり、この「理」と「智」は対立をはなれた不二一体の境地を指す。よって、この段落を「一」と名づけたのである。

『法華経』や『涅槃経』は、三乗の教えをまとめて根本たる一乗の教えに集約して説いたものであり、その教えはことごとく「智も無く、亦《また》得も無し、所得無きを以ての故なり（無智亦無得、以無所得故）」の十字のなかに包摂されているのである。

以上のように、『般若心経』には華厳・三論・法相・声聞・縁覚、天台それぞれの教えの違いが説示されていた。真言有智の者は、その妙趣あるところを充分に察知すべきである。

以上の要点を偈頌にまとめると、つぎのようになる。

泥中にあって清らかで美しい花を咲かせる蓮の花を観《み》て、わが心は生まれながらに（本性）清浄であることを知り、

根・茎・葉・花となる要素を宿している一つの蓮の実を見て、わが心には素晴らしい徳がすでに具わっていることをさとるのである。

（これが聖観自在菩薩のさとりの境界である。このさとりの境界を「一」と名づけた理由の）「一」とは、一道・一乗・一実の意味であって、能所・理智、すなわち主客の対立をはなれた不二をいい、

羊・鹿・牛の三車、すなわち声聞・縁覚・菩薩の三乗の人も、大白牛車たる天台一乗の教えに帰一し、差別を語らないのである。

## 三　行人得益分

### 行人と利益

『般若心経』を五つに分かつなか、第三は行人得益分、すなわち般若の法を修行する人が利益を得てさとりにいたることを説く段落であ

り、これは二つに分かれる。すなわち修行する「人」と行ずる対象である「法」とがこれである。

はじめに「人」とは、菩提（さとり）を求める人、すなわち修行者のことで、『般若心経』本文の「菩提薩埵」がこれにあたる。その人は七種類となる。それは、先に説いた華厳（建）・三論（絶）・法相（相）・声聞と縁覚の二乗（二）・天台（一）の六宗の行人と、後に説く真言行人との七行人である。このように七種に分かれる理由は、教えの違いによって修行する人＝薩埵が異なるからである。

その薩埵＝修行者にまた四種がある。それは、愚かなるもの・六道の凡夫（＝愚童薩埵）と識あるもの、すなわち声聞・縁覚（＝有識薩埵）と智あるもの、すなわち法相・三論・天台・華厳の四家大乗（＝智薩埵）と真言行人（＝金剛薩埵）との四種である。

つぎにまた、これら行人の修する法にも四つがある。すなわち、因（さとりを求める出発点）と行（さとりを求める修行）と証（さとりの成果）と入（涅槃に入る）との四つである。

『般若心経』本文の「般若波羅蜜多に依るが故に」とは、般若の智慧がさとりの「因」であり、その般若を行ずるところが「行」にあたる。

『般若心経』本文の「心に罣礙なし、罣礙なきが故に恐怖あることなし。一切の顚倒夢想を遠離して涅槃を究竟す」とは、般若の法を修することによって、心に煩悩がなくなって無礙自在となり、生死輪廻の苦しみを脱し、真理に対する誤った見方や迷いの心がすっかりなくなって、涅槃を証するにいたるので、「入」にあたる。

さらに、『般若心経』本文の「三世の諸仏も般若波羅蜜多に依るが故に、阿耨多羅三藐三菩提を得たまえり」とは、三世の諸仏が般若波羅蜜多の法によって阿耨多羅三藐三菩提、すなわち無上正等正覚を証《さと》ったので、これを「能証の覚智」といい、証果（さとり）（＝証）にあたる。

この因・行・証・入のことは、『般若心経』の本文に明確に説かれているので、その深い意味を思い知るべきである。

以上の要点を偈頌にまとめると、つぎのようになる。

『心経』本文の「菩提薩埵」は行人を指し、その般若を修行する行人の数は、華厳・三論・法相・声聞・縁覚・天台・真言の七つである。

同じく本文の「般若波羅蜜多に依るが故に」等は修すべき般若の法を指し、その法は因・行・証・入の四つである。

この四法のなかの涅槃と菩提は、正報《しょうほう》たる仏身にも、依報《えほう》たる仏国土にも円《まど》かに具わっていて、何一つ欠けたところはない。

## 四　総帰持明分

### 般若の持明

『般若心経』を五つに分かつなか、第四は総帰持明分、すなわちこれまで説いてきたすべての教えは、最終的には第五分の真言に帰一することを説く段落であり、これは三つに分かれる。すなわち名《みょう》（名称）と体《たい》（本質）と用《ゆう》（効能・はたらき）とがこれである。

『般若心経』の本文では、

故に知る、般若波羅蜜多は是れ大神呪なり、是れ大明呪なり、是れ無上呪なり、是れ無等等呪なり。能く一切の苦を除く。真実にして虚しからず。

がこの段落にあたる。

『般若心経』本文中の「是れ大神呪なり、是れ大明呪なり、是れ無上呪なり、是れ無等等呪なり」の四つの呪明は、名称をあげたものである。

「真実にして虚しからず」とは、これ呪明の本質（体）を指し示したものである。

「能く一切の苦を除く」とは、これ呪明の効能・はたらきを顕《あら》わしたものである。

名としてあげた四つの呪明のうち、始めの「大神呪」は声聞の真言であり、第二の「大明呪」は縁覚の真言であり、第三の「無上呪」は大乗の真言であり、第四の「無等等呪」は秘密蔵の真言である。

しかるに、これは四つの呪明を四乗に配当しただけであって、もしすべてに通ずる共通の意味の上からは、それぞれが共通する性質をもっているから、一つ一つの真言はみな四つの呪明の名を具えているといえる。ここでは煩雑になるので、省略して、ただその一端を示しただけである。一を聴いて十を知るといった円《まど》かなる智慧をもつ人は、一つの呪明には他の三つの呪明が含まれていることを知りなさい。

以上の要点を偈頌にまとめると、つぎのようになる。

陀羅尼（dhāraṇī）の訳である総持には、文・義・忍・呪の四つの意味があり、この四つの意味をもつ総持は、ことごとく明呪の
摩訶不思議な力を具え持っている。

〔付記〕総持とは、一字によく無量の教えを総《す》べ収め、一法によく一切の教えを収め持ち、一義によく一切の意味を収め持ち、一声によく無量の功徳を収め持つ。ゆえに総持という。

文・義・忍・呪の四陀羅尼について。文陀羅尼（法陀羅尼）は経典の文章を憶持して忘れないこと。義陀羅尼は経典の意味を憶持して忘れないこと。忍陀羅尼（能得菩薩忍陀羅尼）は修行を完成して菩薩のさとりの智慧を得ること。呪陀羅尼は一字を誦じてもろもろのわざわいを除き、ついに安楽なるさとりを得ること。

この宇宙に存在するすべてのものは、声・字・人・法・実相の五

つに収まり、この声・字・人・法・実相にはそれぞれにみな総持の意味があるから、存在するすべてのものはみな総持の名を具え持っているのである。

## 五　秘蔵真言分

### 秘蔵の真言

『般若心経』を五つに分かつなか、第五は秘蔵真言分、すなわち正しく般若菩薩の秘蔵の真言・大心真言を説き、この真言が『般若心経』の肝心要であると説く段落であり、これは五つに分かれる。

『般若心経』の本文では、

故に般若波羅蜜多の呪を説く。即ち呪を説いて曰く、掲諦、掲諦、波羅掲諦、波羅僧掲諦、菩提、薩婆訶。

がこの段落にあたる。

初めの掲諦（ギャテイ　gate）は、声聞乗のさとりの境界（行果）を顕《あら》わし、

第二の掲諦（ギャテイ　gate）は、縁覚乗のさとりの境界（行果）をあげ、

第三の波羅掲諦（ハラギャテイ　pāragate）は、もろもろの大乗、すなわち華厳・天台・三論・法相の最勝なるさとりの境界（行果）を指し、

第四の波羅僧掲諦（ハラソウギャテイ　pārasaṃgate）は、一点の欠けたところもない円に喩えられる曼荼羅の教え、すなわち真言乗のさとりの境界（行果）を明かし、

第五の菩提薩婆訶（ボウヂソワカ　bodhisvāhā）は、以上に述べたすべての教えのさとり（菩提）を究め尽くし、そのさとりに入ること（証入）を説いたものである。

大心真言の一つ一つの句の意味は、右のようになる。これらを、もし一つ一つの文字の表面的な意味（字相）や文字に秘められた奥深い意味・本質（字義）などについて、これを解釈すれば、はかりしれない無量の修行者（人）と教え（法）にかんする意味が含まれている。

それゆえ、三大阿僧祇劫といった無限に近い時間をかけたとしても、すべてを説き尽くすことはできない。もしこの奥深い真実の意味を聴きたいと願う人がいれば、真言密教の学を修め行を修めた上で、明師

について、さらにその源底を問い究めなさい。

以上の要点を偈頌にまとめると、つぎのようになる。

如来のさとりの境界を示した真言には、われわれ凡夫の考え及ばない広大無辺で不思議なはたらきがあり、至心に観念し誦持すれば、迷いや苦しみの根源である無明を取り除いてくれるのである。

その真言の一つ一つの文字には、千にもとどく無量無辺の真理が含まれており、その表面的な意味（字相）と奥深い意味・本質（字義）を正しく体得すれば、この身のままに大日如来のさとりの境界を証得することができるのである。

（はじめの二つの掲諦〈ギャテイ〉は）さとりに向かって行き行きて、心やすらかな寂静なる涅槃の世界にいたり、（あとの二つの掲諦〈ギャテイ〉は）迷いの世界から一歩一歩去り去りて、心の源底に立ち帰り、仏と同じもの（仏心）をもつ存在である自らの価値にめざめるのである。

生死輪廻を繰り返す欲界・色界・無色界の三つの世界は、あたかも旅の宿のようであり、われわれが本来住むべきところは、生まれながらに具え持つ浄菩提心たるわが心である。

# 問答決疑分

## 1　真言の説不

質問していう。「真言陀羅尼は、これ大日如来のさとりの境界をありのままに説き示した如来の秘密のことば（語）である。そのため、羅什三蔵・玄奘三蔵・義浄三蔵などいにしえの三蔵たちや、慈恩大師窺基・賢首大師法蔵などもろもろの註釈家たちは、いずれもみな、この真言陀羅尼については、口を閉ざして語らず、筆を絶って書き記さなかった。しかるにいま、この『秘鍵』では陀羅尼が解釈されている。これは、ふかく如来のみこころ（聖旨）に背くのではないか」と。

お答えする。「大日如来の説かれた教えには、二つの種類がある。第一は顕わな教え（顕教）であり、第二は秘密の教え（密教）である。このなか、顕教とは顕わで易しい教えだけしか理解できない能力の人のために、多くの字句をもって一つの意味を表わすような表現形式でもって説かれた教えであり、密教とは深秘で奥深いことをも理解できる勝れた能力の人のために、一字に無量の意味を含む総持、すなわち真言陀羅尼をもって説かれた教えである。

　このゆえに、如来は自ら『大日経』では阿《ア》（𑖀）字などの奥深い意味を、『守護国界主陀羅尼経』には唵《オン》（𑖌𑖽）字などの種々の深秘の意味を説いている。これはすなわち、如来が深秘で奥深いことをも理解できる勝れた能力をもった人のために、この説をなしたのである。

　また密教の祖師たち、たとえばインドで密教を大成された龍猛《りゅうみょう》菩薩は『菩提心論』に、中国に密教を伝えた善無畏《ぜんむい》三蔵は『大日経疏』に、同じく大広智不空三蔵は『仁王般若陀羅尼釈』に、真言陀羅尼の奥深い教えを説いている。

　思うに、真言陀羅尼の意味をよく説くか説かないかは、深秘で奥深い教え（密教）を理解しうる能力の持ち主であるか、顕わで易しい教え（顕教）だけしか理解できない能力の持ち主であるかによって、異なるのである。それゆえ、密教的な深秘の教えを説くか、黙して説かないかは、その真意を正しく理解できるかできないか、受けとる人の能力いかんによるのである。深秘の奥深い教えを説くか、黙して説かないか、いずれにしても仏のみこころに契《かな》っているのである。

## 2　顕教と密教

質問していう。「顕教と密教とは、その趣旨ははるかにかけ離れている。しかるに今、顕教の経典とみなされている『般若心経』のなかに、真言の奥深い教えを説くとみなすのはおかしいのではないか」と。

お答えする。「医学・薬学の知識に長《た》けた者の眼には、見るものすべてが薬となり、宝石を鑑別する知識を持った人には、掘り出されただけの原石を見て、ただちに宝石か否かを識別できるのである。これと同じで、同じ経典を見て、そのなかに奥深い教えが説かれていることを知る・知らないは、誰の罪過《つみとが》かといえば、見極める能力を持たないものの罪過といえよう。

この『般若心経』が、本来、密教経典であることは、この般若菩薩の真言や修行の儀式・法則や観法などを、大日如来が『金剛頂経』に属する『修習般若波羅蜜多菩薩観行念誦儀軌』のなかに説かれているから明らかである。この『修習儀軌』は大日如来が説かれたものであるから、秘密のなかでも最極深秘の教えである。この極秘をさらに補強するのが、応化身たる釈迦如来がインド舎衛《しゃえい》国の給孤独園《きっこどくおん》に在《いま》して、菩薩や天人などのために、この般若菩薩の画像・作壇法・真言・手印などを説かれていることである。またこれも秘密の経典であり、それは『陀羅尼集経』第三巻がこれである。

要するに、顕教と密教の違いは、それを識別できる能力をもった人によって決まるのであって、経文そのもの（声字）に顕密の違いがあるのではないのである。しかれどもなお、秘密の教えといっても、顕教のなかの秘教、密教のなかの最極秘教など、浅い深いの差が幾重にもあるから、一様に論じることはできないのである。

## 第三、流通分

### 讃歎流通分

わたくしはいま、『般若心経』は密教経典であるとの立場から、秘密真言の深い趣旨をもって、この『心経』を五段落に分かち、簡略ではあるが、讃歎し解釈した。

『般若心経』の一つ一つの文字・一つ一つの文章は、ことごとく般若菩薩の法曼荼羅であって、この宇宙に遍満しており、しかも始めも無く終わりも無くして、私の一心そのものでもある。心の眼にかげりがある生きとし生けるものは、この『般若心経』の理趣（＝奥深い趣旨）に気づかないで、煩悩にまとわれ生死輪廻の世界に苦しみ悩んでいる。

ただ文殊菩薩の智慧と般若菩薩の禅定をもってのみ、『般若心経』の理趣（＝奥深い趣旨）をさとり、この煩悩による紛《みだ》れ・苦しみを解くことができる。

いまわたくしは、『般若心経』の甚深の教えを解説し、迷い苦しむものたちに甘露の法雨をふりそそぎ恩恵をあたえた。これによって、自他ともに同じく、内には無明（おろかさ）の絆《きずな》を断ちきり、外には煩悩の四魔・十軍を砕き破って、さとりの境界に安住したい。

## 尾　題

般若心経秘鍵　これを説き終わった。

## 附・上表文

弘仁九年の春、日本国中に疫病が大流行した。

そのことに心を痛められた嵯峨天皇は、自ら紺紙に金泥をもって『般若心経』一巻を書写なされた。それとともに、わたくし空海に、経典を講読するときの要領にて、『般若心経』の精髄をまとめるよう命ぜられた。

わたくしが最後の詞《ことば》をつづるより前に、生きかえった人たちが路にあふれ、夜であるにもかかわらず、まるで真昼のようであった。これらは、わたくしが戒律を堅く守った功徳によるのではなく、金輪聖王とも称すべき嵯峨天皇のご信力によるものであった。

ただし、神社に参詣するものは、この『秘鍵』を読誦してほしい。なぜなら、この『秘鍵』は、むかし、鷲峰山にて釈尊の説法をお聞きしたときの真意をつづったものだからである。

入唐した沙門空海、上表する

【附記】

『般若心経秘鍵』を現代語訳するにあたっては、左記の諸書を参考にさせていただいた。記して謝意を表する。

・栂尾祥雲『現代語の般若心経秘鍵と解説』同著『現代語の十巻章と解説』五〜七五頁、一九七五年、高野山出版社。

＊初出は『現代語の二祖典と解説』（高野山大学仏教通信講座）、一九五〇年。

・勝又俊教『秘蔵宝鑰　般若心経秘鍵』（『仏典講座』三二）三三九〜四九六頁、一九七七年、大蔵出版。
・松本照敬「般若心経秘鍵」（『弘法大師空海全集』第二巻）三四七〜三七六頁、一九八三年、筑摩書房。
・小田慈舟「般若心経秘鍵」同著『十巻章講説』下巻、一一三五〜一二三〇頁、一九八五年、高野山出版社。
・坂田光全『般若心経秘鍵講義』一七八頁、一九九九年、高野山出版社。
・松長有慶『空海　般若心経の秘密を読み解く』二一七頁、二〇〇六年、春秋社。

# 『般若心経秘鍵』聖語集

武内孝善

## はじめに

『般若心経秘鍵』の文章のなか、印象深いことばを抽出して「聖語集」と名づけた。ここでは、抽出した三十一のことばを発心・修行・菩提・涅槃の四転に分類して提示した。四転に分類したのは、お大師さまが『般若心経』の冒頭の一節を四転でもって解釈されていることにもとづく。そのところを、参考までにあげておこう。

お大師さまは、『般若心経』の冒頭の一節、すなわち「観自在菩薩、深般若波羅蜜多を行ずる時、五蘊皆空なりと照見して、一切の苦厄を度す」には、われわれがさとりを求めるこころ・菩提心を発《おこ》し、修行を積むことによって、最終のゴールである心やすらかな世界・涅槃にいたる四つの段階、発心・修行・菩提・涅槃が説かれているといわれる。お大師さまの文章にしたがって、四つの段階をいま少し詳しくみると、つぎのようになる。

「観自在菩薩」とは、般若菩薩の教えを自由自在に観察し修行する人のことで、この人は生まれながらにさとりを具えて（本覚）おり、この菩提心を「因」として修行し仏果＝さとりを得るにいたるので、「発心」にあたる。

「深般若波羅蜜多を行ずる」の「深般若」とは、般若菩薩のさとりの境界を瞑想することであり、この般若菩薩の瞑想の境地は顕教の浅略の般若とは異なる甚深の般若＝深般若である。この深般若は瞑想の対象である所観の法であり、観自在菩薩すなわち瞑想する修行者が能観の法である。修行者が深般若を行ずるから、「修行」という。

「五蘊皆空なりと照見し」とは、この宇宙に存在する一切のものは、五蘊すなわち色と受と想と行と識との五つのあつまり（蘊）であるが、それらはことごとく実体のないもの（空）であると明らかに見てさとる（証悟）ことを示したもので、これを「能証の智」といい、「菩提」にあたる。

「一切の苦厄を度す」とは、一切の苦しみとわざわい（苦厄）を取り去り、この証悟（さとり）の智によって「皆空」なることをさとれば、煩悩生死の苦を超越して安楽の果が得られる。この果とは涅槃に入ることであるから、「涅槃」という。

なお、この発心・修行・菩提・涅槃への分類は、編者の主観にもとづいたものであることをお断わりしておく。正直申して、読むときの心のありかによって、分類が微妙に異なってくる。これは、あくまでも固定した分類でないこともお断わりしておきたい。

凡　例

1、この聖語集は、空海撰『般若心経秘鍵』から印象深い語句三十一を選びだし、現代語訳を付したものである。
2、収載にあたっては、読み下し文・原文・現代語訳の順に記した。
3、読み下し文の頭には、通し番号1～3を付した。
4、原文には、文章の終わりに、その出典を（　）に入れて、『定本弘法大師全集』第三巻の頁数（漢数字）と行数（〇数字）を記した。

## 一、発心篇

1、文殊《もんじゅ》の利剣《りけん》は諸戯《しょけ》を絶《た》つ。覚母《かくも》の梵文《ぼんもん》は調御《ちょうご》の師《し》なり。

文殊利剣絶諸戯　覚母梵文調御師　（三頁②）

【現代語訳】

文殊菩薩が手にもつ利剣は、もろもろの誤った考えや戯れの考えを断ちきる。般若仏母が手にもつ梵文の経典は、そこに説かれる教えにもとづいて開悟するので、仏の師という。

2、**夫《そ》れ仏法《ぶっぽう》遥《はる》かに非《あら》ず、心中《しんぢゅう》にして即《すなわ》ち近《ちか》し。真如《しんにょ》外《ほか》に非《あら》ず、身《み》を棄《す》てて何《いず》くんか求《もと》めん。**

夫仏法非遥心中即近　真如非外棄身何求　（三頁⑥）

【現代語訳】

仏の教えは私をはなれた遠くにあるのではない。私の心のなかにあって、極めて近いのである。さとり（真如）も私をはなれた外《そと》にあるのではない。この身体を捨ててどこに求めることができようか、わが身体以外に求めるところはないのである。

3、**迷悟《めいご》我《われ》に在《あ》り、発心《ほっしん》すれば即《すなわ》ち到《いた》る。**

迷悟在我則発心即到　（三頁⑥）

【現代語訳】

迷い・さとりはわが心のはたらきであるから、これまた、私の心をはなれては存在しない。だから、さとりを求める心（＝菩提心）を起こしさえすれば、直ちにさとりの境界に至ることができるのである。

4、哀《あわ》れなる哉《かな》、哀《あわ》れなる哉《かな》、長眠《ちょうめん》の子《し》。苦《くる》しい哉《かな》、痛《いた》い哉《かな》、狂酔《きょうすい》の人《にん》。

哀哉哀哉長眠子、苦哉痛哉狂酔人　（三頁⑦）

【現代語訳】

ああ、何と哀れなことよ。哀れなことよ。真実の世界を知らないで、長い迷いの眠りをむさぼっている人よ。ああ、何と苦しいことよ。痛ましいことよ。迷いの世界に酔いしれている人よ。

5、痛狂《つうきょう》は酔《よ》わざるを笑《わら》い、酷睡《こくすい》は覚者《かくしゃ》を嘲《あざけ》る。

痛狂笑不酔、酷睡嘲覚者　（三頁⑦）

【現代語訳】

迷いの世界にひどく酔いしれている人は、酔っていない人を嘲《あざ》笑い、迷いの眠りにひどく落ちている人は、さとりを得た人（覚者）を嘲《あざ》けり笑うありさまだ。

**6、曾《かつ》て医王《いおう》の薬《くすり》を訪《とぶら》わずんば、何《いずれ》の時《とき》にか大日《だいにち》の光《ひかり》を見《み》ん。**

不曾訪医王之薬、何時見大日之光　（三頁⑧）

【現代語訳】

（迷いの世界に酔いしれている人は）名医の薬に喩えられる仏陀の教えを訪ね学ばなければ、一体、いつになったら最高最妙なる大日如来の智慧の光りを受け、もともと具え持つ仏身を開顕することができようか。

**7、聖人《しょうにん》の薬《くすり》を投《な》ぐること、機《き》の深浅《じんせん》に随《したが》い、賢者《けんじゃ》の説黙《せつもく》は時《とき》を待《ま》ち、人《ひと》を待《ま》つ。**

聖人投薬随機深浅、賢者説黙待時待人　（五頁④）

【現代語訳】

（医者が病人に薬を与えるときと同じように）聖人たる仏菩薩たちが教法をお説きになるときは、相手の生まれつき具え持つ宗教的な素質・能力の深い浅い（機根）にしたがって、それぞれに相応しい教えを説くのである。賢者（高僧）が教えを説き、あるいは沈黙して説かないのは、いま説くべき時機であるかを待ち、まちがいなく理解できる人との出逢いを待つからである。

## 8、**蓮《はちす》を観《かん》じて自浄《じじょう》を知《し》り、菓《このみ》を見《み》て心徳《しんとく》を覚《さと》る。**

観蓮知自浄、見菓覚心徳　（九頁⑩）

【現代語訳】

泥中にあって清らかで美しい花を咲かせる蓮の花を観《み》て、わが心は生まれながらに（本性）清浄であることを知り、根・茎・葉・花となる要素が宿している一つの蓮の実を見て、わが心には素晴らしい徳がすでに具わっていることをさとるのである。

**9、如来《にょらい》の説法《せっぽう》に二種《にしゅ》有《あ》り、一つには顕《けん》、二つには秘《ひ》。**

如来説法有二種、一顕二秘　（一一頁⑦）

【現代語訳】

大日如来の説かれた教えには、二つの種類がある。第一は顕わな教え（顕教）であり、第二は秘密の教え（密教）である。

**10、顕機《けんき》の為《ため》には多名句《たみょうく》を説《と》き、秘根《ひこん》の為《ため》には総持《そうじ》の字《じ》を説《と》く。**

為顕機説多名句、為秘根説総持字　（一一頁⑦）

【現代語訳】

顕教とは顕わで易しい教えだけしか理解できない能力の人のために、多くの字句をもって一つの意味を表わすような表現形式でもって説かれた教えであり、密教とは深秘で奥深いことをも理解できる勝れた能力の人のために、一字に無量の意味をふくむ総持、すなわち真言陀羅尼をもって説かれた教えである。

11、能不《のうふ》の間《あいだ》、教機《きょうき》に在《あ》るのみ。

能不之間在教機耳　（一一頁⑨）

【現代語訳】

密教的な深秘の教えを説くか、黙して説かないかは、その真意を正しく理解できるかできないか、受けとる人の能力いかんによるのである。

12、之《これ》を説《と》き之《これ》を黙《もく》する、並《なら》びに仏意《ぶっち》に契《かな》えり。

説之黙之並契仏意　（一一頁⑨）

【現代語訳】

深秘の奥深い教えを説くか、黙して説かないか、いずれにしても仏のみこころに契《かな》っているのである。

## 二、修行篇

**13、無辺《むへん》の生死《しょうじ》は何《いず》んか能《よ》く断《た》つ。**
**唯禅那《ただぜんな》と正思惟《しょうしゆい》とのみ有《あ》ってす。**

無辺生死何能断　　唯有禅那正思惟　　（三頁④）

【現代語訳】

はてしなく続く生死輪廻の苦しみの世界を、いかにすれば断ちきることができるか。それはただ般若菩薩のさとり（内証）にいたる禅定（こころしずめ）と、文殊菩薩のさとりにいたる智慧（正しい思惟）とによる。

**14、明暗他《みょうあんた》に非《あら》ず、信修《しんじゅ》すれば忽《たちま》ちに証《しょう》す。**

明暗非他則信修忽証　　（三頁⑦）

【現代語訳】

明るい世界（＝さとり）・暗い世界（＝迷い）も私をはなれて他《ほか》にはないのであるから、仏教の教えを堅く信じ、不屈の信念をもって、教えのとおりに実修すれば、たちまちに、さとりの世界を体解《たいげ》することができるのである。

15、誦持講供《じゅじこうく》すれば、則《すなわ》ち苦《く》を抜《ぬ》き楽《らく》を与《あた》う。

誦持講供則抜苦与楽　（四頁⑨）

【現代語訳】

一つ一つの文字に無量の功徳が具わっているので、この『般若心経』を読誦し受持し講説し供養すれば、ただちに一切の苦しみを抜きさり安楽を与えることができる。

16、修習《しゅじゅう》思惟《しゆい》すれば、則《すなわ》ち道《どう》を得《え》、通《つう》を起《おこ》す。

修習思惟則得道起通　（四頁⑩）

【現代語訳】

『般若心経』にもとづいて修習し、その内容をよく思惟すれば、さとりを得、天眼・天耳・他心・宿命・神足・漏尽の六神通を得て、あらゆる神通力を発揮することができる。

17、大慈三昧《だいじさんまい》は与楽《よらく》を以《もっ》て宗《しゅう》とし、因果《いんが》を示《しめ》して誡《かい》とす。

大慈三昧以与楽為宗、示因果為誡　（八頁⑨）

【現代語訳】

弥勒菩薩のさとりの境界である大慈の三昧は、あらゆるものに楽を与えることをもって最上の教えとし、善き行業によって勝れた結果が得られ、悪しき行業によってよくない結果をひきおこすとの道理を示して誡《いまし》めとしている。

18、**白骨《はっこつ》に我何《われいず》くんか在《あ》る。青瘀《しょうお》に人本《ひともと》より無《な》し。**

白骨我何在、青瘀人本無　（九頁⑤）

【現代語訳】

不浄観を修して肉体への執着を断ちきろうとする観法の一つ、九想観の第八・白骨相《はっこつそう》を観ずるに、人が死んで散乱する白骨を観ぜよ。この白骨に、生前、大切に想っていた「我《われ》」と呼べるものがどこにあるか、どこにもない。第三・青瘀《しょうお》相を観ずるに、日にさらされ青黒くむくんだ死体を観ぜよ。ここにはもはや「人《ひと》」といえるもの（我）はもとより存在しないことに気づくであろう。

19、真言《しんごん》は不思議《ふしぎ》なり、観誦《かんじゅ》すれば無明《むみょう》を除《のぞ》く。

真言不思議、観誦無明除　（一一頁④）

【現代語訳】

如来のさとりの境界を示した真言には、われわれ凡夫の考え及ばない広大無辺で不思議なはたらきがあり、至心に観念し誦持すれば、迷いや苦しみの根源である無明を取り除いてくれるのである。

三、菩提篇

20、一字《いちじ》に千理《せんり》を含《ふく》み、即身《そくしん》に法如《ほうにょ》を証《しょう》す。

一字含千理、即身証法如　（一一頁④）

【現代語訳】

真言の一つ一つの文字には、千にもとどく無量無辺の真理が含まれており、その表面的な意味（字相）と奥深い意味・本質（字義）を正しく体得すれば、この身のままに大日如来のさとりの境界を証得することができるのである。

21、三界《さんがい》は客舎《かくしゃ》の如《ごと》し、一心《いっしん》は是《こ》れ本居《ほんこ》なり。

三界如客舎、一心是本居　（一一頁⑤）

【現代語訳】

生死輪廻を繰り返す欲界・色界・無色界の三つの世界は、あたかも旅の宿のようであり、われわれが本来住むべきところは、生まれながらに具え持つ浄菩提心たるわが心である。

22、陀羅尼《だらに》は是《こ》れ如来《にょらい》の秘密語《ひみつご》なり。

陀羅尼是如来秘密語　（一一頁⑥）

【現代語訳】

真言陀羅尼は、これ大日如来のさとりの境界をありのままに説き示した如来の秘密のことば（語）である。

23、医王《いおう》の目《め》には途《みち》に触《ふ》れて皆薬《みなくすり》なり。解宝《げほう》の人《にん》は砿石《こうしゃく》を宝《たから》と見《み》る。

医王之目触途皆薬、解宝之人砿石見宝　（一一頁⑩）

【現代語訳】

医学・薬学の知識に長《た》けた者の眼には、見るものすべてが薬となり、宝石を鑑別する知識を持った人には、掘り出されただけの原石を見て、ただちに宝石か否かを識別できるのである。

24、知《し》ると知《し》らざると何誰《たれ》が罪過《ざいか》ぞ。

知与不知何誰罪過　（一一頁⑪）

【現代語訳】

同じ経典をみて、そのなかに奥深い教えが説かれていることを知る・知らないは、誰の罪過《つみとが》かといえば、見極める能力を持たないものの罪過といえよう。

25、顕密《けんみつ》は人《にん》に在《あ》り。声字《しょうじ》は即《すなわ》ち非《ひ》なり。

顕密在人声字即非　（一一頁③）

【現代語訳】

顕教と密教の違いは、それを識別できる能力をもった人によって決まるのであって、経文そのもの（声字）に顕密の違いがあるのではない。

## 四、涅槃篇

26、𑖠𑖱𑖾《ヂク》・𑖦𑖽《マン》の真言《しんごん》を種子《しゅじ》と為《す》。諸教《しょきょう》を含蔵《がんぞう》せる陀羅尼《だらに》なり。

𑖠𑖱𑖾・𑖦𑖽真言為種子　含蔵諸教陀羅尼　（一二頁③）

【現代語訳】

般若菩薩の悟りの境地を一字で表わした真言は𑖠𑖱𑖾《ヂク》であり、文殊菩薩の一字の真言は𑖦𑖽《マン》である。この一字の真言は、あらゆる経典の教えをすべて含め蔵《おさ》めているので陀羅尼（＝総持）ともいう。

27、五蔵《ごぞう》の般若《はんにゃ》は一句《いっく》に嗛《ふく》んで飽《あ》かず、七宗《しちしゅう》の行果《ぎょうか》は一行《いちぎょう》に歠《の》んで足《た》らず。

五蔵般若嗛一句而不飽、七宗行果歠一行而不足　（四頁③）

【現代語訳】

『般若心経』の一句一句には、経・律・論・般若・陀羅尼の五蔵に説かれる般若の智慧が余すところなく含まれ、一行一行には七宗の行果、すなわち華厳・三論・法相・声聞・縁覚・天台の顕教と真言密教との七宗の修行とさとりの境界を含んでいて、その上にまだ余裕があるのである。

28、釈家《しゃっけ》多《おお》しと雖《いえど》も、未《いま》だ此《こ》の幽《ゆう》を釣《つ》らず。

釈家雖多未釣此幽　（四頁⑪）

【現代語訳】

すでに多くの学者が『般若心経』を註釈しているが、いずれも『心経』の幽玄な意趣を十分に解き明かしていない。幽玄な意趣とは、『心経』は大般若菩薩の大心真言を説いた経典であるとみなすことである。

29、如来《にょらい》の説法《せっぽう》は一字《いちじ》に五乗《ごじょう》の義《ぎ》を含《ふく》み、一念《いちねん》に三蔵《さんぞう》の法《ほう》を説《と》く。

如来説法一字含五乗之義、一念説三蔵之法　（五頁②）

【現代語訳】

『般若心経』は般若菩薩のさとりの境界を説く密教経典であるから、『心経』に説かれている説法は、たった一字のなかにも人・天・声聞・縁覚・菩薩の五乗の教えを含み、一念の一瞬間に経・律・論三蔵のすべての教え（法）が説き明かされるのである。

30、行行《ぎょうぎょう》として円寂《えんじゃく》に至《いた》り、去去《きょきょ》として原初《げんしょ》に入《い》る。

行行至円寂、去去入原初　（一一頁⑤）

【現代語訳】

（はじめの二つの掲諦〈ギャテイ〉は）さとりに向かって行き行きて、心やすらかな寂静なる涅槃の世界にいたり、（あとの二つの掲諦〈ギャテイ〉は）迷いの世界から一歩一歩去り去りて、心の源底に立ち帰り、仏と同じもの（仏心）をもつ存在である自らの価値にめざめるのである。

31、一字《いちじ》一文《いちぶん》法界《ほうかい》に遍《へん》じ、無終《むしゅう》無始《むし》にして我《わ》が心分《しんぶん》なり。

一字一文遍法界、無終無始我心分　（一二頁⑥）

【現代語訳】

『般若心経』の一つ一つの文字・一つ一つの文章は、ことごとく般若菩薩の法曼荼羅であって、この宇宙に遍満しており、しかも始めも無く終わりも無くして、私の一心そのものでもある。

# 『般若心経秘鍵』解説

武内孝善

## まえがき

・真言は不思議なり、観誦《かんじゅ》すれば無明を除く。
一字に千理《せんり》を含み、即身に法如《ほうにょ》を証す。

・医王の目には途《みち》に触れて皆《みな》薬なり。
解宝《げほう》の人《にん》は砿石《こうしゃく》を宝《たから》と見る。

これらは、真言宗の檀信徒にとってはなじみ深いお大師さまのおことば・聖語であって、すべて『般若心経秘鍵』（以下、『秘鍵』と略称す）にみられる文章である。参考までに、私の現代語訳をあげてみよう。

・如来のさとりの境界を示した真言には、われわれ凡夫の考え及ばない広大無辺で不思議なはたらきがあり、至心に観念し誦持すれば、迷いや苦しみの根源である無明を取り除いてくれる。真言の一つ一つの文字には、千にもとどく無量無辺の真理が含まれており、その表面的な意味（字相）と奥深い意味・本質（字義）を正しく体得すれば、この身のままに大日如来のさとりの境界を証得することができる。

・医学・薬学の知識に長《た》けた者の眼には、見るものすべてが薬となり、宝石を鑑別する知識を持った人には、掘り出されただけの原石を見て、ただちに宝石か否かを識別できる。

これはほんの一部であって、『秘鍵』本文には綺羅星のごとく、琴線に触れる素敵なことばがたくさん見られるのである。

それはさておき、お大師さまが撰述された『般若心経』の註釈書である『般若心経秘鍵』とは、何と素晴らしい名前であろう。「秘鍵」とは、「秘密の鍵」であり、「秘密を解き明かす鍵」でもある。「秘密の鍵」といえば、「秘密の扉をひらく鍵」「密教への扉をひらく鍵」、つまり「密教とはいかなる教えかを解き明かす鍵」である。一方、「秘密を解き明かす鍵」といえば、「『般若心経』が内包する奥深い真実の意味・義趣を解き明かす鍵」といえよう。

いずれにしろ、この「秘鍵」なることばは、『般若心経秘鍵』そのものを端的にものがたることばといえる。なぜなら、お大師さま以前の註釈者が、誰一人指摘していない解釈を『般若心経』に与えたのが、ほかでもない、この『般若心経秘鍵』であったからである。すなわち、『般若心経』は大般若菩薩の大心真言、つまり般若菩薩のさとりの境界を説いた密教経典である、と大胆に表明され、『般若心経』が内包する奥深い義趣を解き明かされたのであった。

ともあれ、お大師さま渾身の著作である『般若心経秘鍵』を、より身近に感じていただくために、つぎの四つの項目に分かって、紹介したい。四つの項目とは、つぎのとおりである。

第一、『般若心経秘鍵』の特色

第二、わが国における『般若心経』の受容と展開

第三、お大師さまと『般若心経』

第四、『般若心経秘鍵』の構成

凡　例

この解説では、以下の典籍については、略称を用いて表記した。

『定本弘法大師全集』……『定本全集』　『新訂増補　国史大系』……『国史大系』

『大正新修大蔵経』……『大正蔵経』　『大日本仏教全書』……『仏教全書』

## 第一　『般若心経秘鍵』の特色

### はじめに

『般若心経秘鍵』は、お大師さまが密教眼をもって『般若心経』を解釈され、従来の空の思想を説いた大乗経典であるとの見方に対して、密教経典であると喝破された特異な著作である。では、『般若心経秘鍵』の特色は何か。その答えは、「『般若心経』は密教経典である」の一語に尽きるといっても過言でないけれども、『秘鍵』で大師がいいたかったことを、端的に語った一節がある。序分の「『般若心経』の大意」の「心経の大綱」であり、三つに整理することができる。

①『大般若波羅蜜多心経』とは、大般若菩薩のさとりの境界（三摩地の法門）を掲諦（ギャテイ）掲諦（ギャテイ）の真言に象徴される大心真言でもって説き示した教えである。

②『般若心経』は、一紙、十四行に収まる極めて短い経典であり、文章は簡潔であるけれども、内容は極めて深遠である。

③この経の一句一句には、経・律・論・般若・陀羅尼の五蔵に説かれる般若の智慧が余すところなく含まれ、一行一行には七宗の行果、すなわち華厳・三論・法相・声聞・縁覚・天台の

顕教と真言密教との七宗の修行とさとりの境界が説かれている。

このなか、①は言い換えると、『般若心経』でもっとも大切なところ、肝心要は、さいごの掲諦（ギャテイ）掲諦（ギャテイ）の真言であり、密教経典であるといえる。②は、『般若心経』が全文二百六十余字の一番短い経典であるが、そこにはお宝がぎっしり詰まっているという。③は、そのお宝を具体的にいったもので、仏教のすべての教えとそのさとりの境界が余すところなく説かれているという。

これら三つのことは、『秘鍵』で繰り返し説かれており、『秘鍵』の主題といってもよい。そこで、三つの視点から、いま少し整理しておきたい。三つの視点とは、

第一、『般若心経』は大般若菩薩の大心真言を説いた経典である。

第二、『般若心経』は仏教のすべての教えとそのさとりの境界を説いた経典である。

第三、『般若心経』は密教経典である。

の三つである。

## 一、『般若心経』は大般若菩薩の大心真言を説いた経典

第一は、『般若心経』は大般若菩薩の大心真言を説いた経典である。

いま一度、右にあげた序分の「心経の大綱」をみておこう。本文をあげると、

大般若波羅蜜多心経といっぱ、即ち是れ大般若菩薩の大心真言三摩地の法門なり。

とあり、これを、

『大般若波羅蜜多心経』とは、大般若菩薩の大心真言、すなわち掲諦（ギャテイ）掲諦（ギャテイ）の真言に象徴される大般若菩薩のさとりの境界（三摩地の法門）を説いた教えのことである。

と現代語訳してみた。『陀羅尼集経』第三巻には、「般若大心陀羅尼第十六呪」として、

跢姪他一　掲帝掲帝二　波羅掲帝三　波囉僧掲帝四　菩提五　莎訶六

を出し、「是大心呪」とする（『大正蔵経』十八、八〇七中）。これより、「大心真言」＝「大心呪」とみなされ、「大心真言」とは「掲諦掲諦、波羅掲諦、波羅僧掲諦、菩提薩婆訶」を指すと考え、右のような訳をしてみた。

要するに、ここでのキーワードは「大般若菩薩」「大心真言」「三摩地の法門」の三つである。つぎに、キーワードの「大心真言」「三摩地の法門」を『秘鍵』にみてみよう。「大心真言」は、正宗分「心経の顕密」に、

般若心と言っぱ、此の菩薩に身心等の陀羅尼有り。是の経の真言は即ち大心呪なり。此の心真言に依って般若心の名を得たり。

とある。要約すると、つぎのようになる。

この経の題目『般若心経』にみられる「般若心」とは、大般若菩薩に身陀羅尼（大心陀羅尼）と心陀羅尼とがあり、この『心経』に説かれる「掲諦（ギャテイ）掲諦（ギャテイ）……」の真言は、その大心呪＝大心真言（陀羅尼）にあたる。この大心真言によって、「般若心」の名を得たのである。だから、『般若心経』は密教経典に属するのである。

ついで、「三摩地の法門」である。正宗分「心経の説聴」に、

此れ三摩地門は、仏鷲峰山《ほとけじゅぶせん》に在《いま》して鶖子等《じゅうしとう》の為に説きたまえり。

とあって、この大般若菩薩の大心三摩地の法門、すなわち大般若菩薩のさとりの境界を説いた『般若心経』は、仏陀が鷲峰山（霊鷲山）において、舎利弗《しゃりほつ》たちのために説かれたものである、という。

なお、正宗分「心経の五分科」の「分別諸乗分」において、華厳・三論・法相・声聞縁覚・天台宗のさとりの境界を表わすと説くところで、「建立如来の三摩地門」「無戯論如来の三摩地門」などと密教の世界での呼び名の如来をあげ、それら如来のさとりの境界を説いているといい、そのさとりの境界を「三摩地門」と表記している。

## 二、『般若心経』は仏教のすべての教えとそのさとりの境界を説いた経典

第二は、『般若心経』は仏教のすべての教えとそのさとりの境界を説いた経典である。

ここでも、はじめにあげた序分の「心経の大綱」の本文をみておこう。

五蔵の般若は一句に嗛《の》んで飽《あ》かず、七宗の行果は一行に歠《の》んで足らず。

とある。これを要約すると、

『般若心経』の一句一句には、経・律・論・般若・陀羅尼の五蔵に説かれる般若の智慧が余すところなく含まれ、一行一行には七宗の行果、すなわち華厳・三論・法相・声聞・縁覚・天台の顕教と真言密教との七宗の修行とさとりの境界を含んでいて、その上にまだ余裕があるのである。

となる。ここでのキーワードは「五蔵」「七宗の行果」である。つまり、「五蔵」「七宗」は仏教のすべての教えを指し、「行果」は修行とその修行によって得られる果実、すなわち「さとり」「さとりの境界」とみなされる。

そこで、「五蔵」「七宗」に相当する語句がみられるところを抽出してみよう。一つは、序分の「疑義の問答」に、

如来の説法は一字に五乗の義を含み、一念に三蔵の法を説く。何に況んや、一部一品何ぞ匱《とぼ》しく、何ぞ無からん。（傍線筆者）

とある。要約すると、

『般若心経』は般若菩薩のさとりの境界を説く密教経典であるから、『心経』に説かれている

説法は、たった一字のなかにも人・天・声聞・縁覚・菩薩の五乗の教えを含み、一念の一瞬間に経・律・論三蔵のすべての教え（法）が説き明かされるのである。一字一念でさえこのようであるから、ましてや経典の一巻または一章には、五乗・三蔵の教えがどうして乏しく、もしくは欠落していることがあろうか。

となる。

二つ目は、「行人得益分」すなわち般若の法を修行する人が利益を得てさとりにいたることを説く段落で、つぎの一文がみられる。

初めの人に七つ有り。前の六つと後の一つなり。乗の差別に随って、薩埵に異有るが故に。又薩埵に四つ有り。愚・識・金・智是れなり。（傍線筆者）

要約すると、

はじめの「人」は七種類、先の段落で説いた華厳（建）・三論（絶）・法相（相）・声聞と縁覚の二乗（二）・天台（一）の六宗の行人と、後に説く真言の行人との七行人である。なぜ七種に分かれるのか。教えの違いによって修行する人＝薩埵が異なるからであるといい、薩埵はまた四種に分かれる。愚かなる六道の凡夫（愚童薩埵）と識あるもの（声聞・縁覚の有識薩埵）と智あるもの（四家大乗の智薩埵）と真言行人（金剛薩埵）との四種である。

となる。ここに「先の段落で」とあって、正宗分「心経の五分科」では、華厳・三論・法相・声聞縁覚・天台六宗のさとりの境界が説かれていたのである。

大師は、『般若心経』の文章は簡潔であるけれども、内容は極めて深遠であるといわれた。この「極めて深遠である」内容が、ほかでもない、仏教のすべての教えとそのさとりの境界を説くところであろう。

## 三、『般若心経』は密教経典である

第三は、『般若心経』は密教経典である。

先の「第一」にあげた序分の「心経の大綱」の一文が、このことの典拠となる。すなわち、

大般若波羅蜜多心経といっぱ、即ち是れ大般若菩薩の大心真言三摩地の法門なり。

とあり、これを原文通りに訳すると、

『大般若波羅蜜多心経』とは、大般若菩薩の大心真言であり、大般若菩薩のさとりの境界（三摩地の法門）を説き示した教えである。

となろう。『陀羅尼集経』第三巻には、「大心呪」として「跢姪他一掲帝掲帝二波羅掲帝三波囉僧掲帝四菩提五莎訶六」を出す。これより、「大心真言」＝「大心呪」とみなすと、

①『大般若波羅蜜多心経』＝『般若心経』は、大般若菩薩の大心真言「掲諦掲諦、波羅掲諦、波羅僧掲諦、菩提薩婆訶」を説く経典であり、

②その大心真言は、大般若菩薩のさとりの境界を説き示したものである。

となり、

『大般若波羅蜜多心経』＝『般若心経』とは、大般若菩薩の大心真言、すなわち掲諦（ギャテイ）掲諦（ギャテイ）の真言に象徴される大般若菩薩のさとりの境界（三摩地の法門）を説いた教えのことである。

と要約した。

要するに、

『般若心経』で一番大切なところ・肝心要は、大心真言「掲諦掲諦、波羅掲諦、波羅僧掲諦、菩提薩婆訶」であり、大般若菩薩のさとりの境界（三摩地の法門）を真言でもって説き示した経典であって、密教経典に属する。

と整理することができよう。

大師は、正宗分の「心経の顕密」においても、経題『般若心経』にみられる「般若心」とは、大般若菩薩の大心真言によって「般若心」の名を得たのであるといい、やはり『般若心経』は密教経典に属するとみなすのであった。

肝心の「掲諦（ギャテイ）掲諦（ギャテイ）」の真言であるが、大師は七宗の行果、すなわちさとりの境界を説いたものであるといい、つぎのようにみなされた。

この大心真言を五つに分け、諸乗のさとりの境界（行果）とみなす。初めの掲諦（ギャテイ）は、声聞乗のさとりの境界を顕《あら》わし、第二の掲諦（ギャテイ）は、縁覚乗のさとりの境界をあげ、第三の波羅掲諦（ハラギャテイ）は、もろもろの大乗の、すなわち華厳・天台・三論・法相の最勝なるさとりの境界を指し、第四の波羅僧掲諦（ハラソウギャテイ）は、一点の欠けたところもない円に喩えられる曼荼羅の教え、すなわち真言乗のさとりの境界を明かし、第五の菩提薩婆訶（ボウヂソワカ）は、以上に述べたすべての教えのさとり（菩提）を究め尽くし、そのさとりに入ること（証入）を説いたものである。

極めつきは、さいごの流通分で、

我、秘密真言の義に依って、略して心経五分の文を讃す。

一字一文法界に遍じ、無終無始にして我が心分なり。

と記すところである。これをつぎのように要約してみた。

わたくしはいま、『般若心経』は密教経典であるとの立場から、秘密真言の深い趣旨をもって、この『心経』を五段落に分かち、簡略ではあるが、讃歎し解釈した。『般若心経』の一つ一つの文字・一つ一つの文章は、ことごとく般若菩薩の法曼荼羅であって、この宇宙に遍満しており、しかも始めも無く終わりも無くして、私の一心そのものでもある。

以上をまとめると、繰り返しになるが、

『般若心経』で一番大切なところ・肝心要は、大心真言「掲諦掲諦、波羅掲諦、波羅僧掲諦、菩提薩婆訶」であり、大般若菩薩のさとりの境界（三摩地の法門）を真言でもって説き示した密教経典である。

と申しておきたい。

## おわりに

『般若心経秘鍵』の主題は、『般若心経』は密教経典であるとの主張であった、と申しあげた。それはそれとして、大師が『秘鍵』でいいたかったことはこれだけであろうか。さいごに、このことを考えてみたい。

『秘鍵』全体を通読して感じること、つまり『秘鍵』全体に通底するのは、顕教の教えに対する密教の優位、密教がいかに勝れた教えであるか、の表明ではないかと想われるのである。以下、顕密を対弁しているところを四つあげてみたい。

第一は、序分の「仏法の大綱」である。さとりも仏の教えも、すべて私を離れては存在しない。そのことに気づかないで、生死輪廻の世界に苦しんでいるものの何と哀しいことか、痛ましいことか。その苦しみの世界から心安らかな世界に送り届けるために、仏は教えを説かれたのである。その教えは、それぞれが生まれながらに具え持つ宗教的な能力（機根）に応じた教えが用意して

あるといい、

その教えの一つが密教であり、いま一つが顕教の人・天・声聞・縁覚・菩薩五乗の教えである。ただし、顕教は真実の教えではなく、仮りの方便・てだての教えであって、密教にははるかに及ばない

という。このところを、原文ではつぎのように記す。

遂使《ついん》じて二教轍《あと》を殊《ことん》じて、手を金蓮《こんれん》の場《じょう》に分かち、五乗鑣《くつばみ》を並べて、蹄《ひずめ》を幻影《げんにょう》の埒《らち》に踠《あが》つ。

第二は、正宗分の「心経の顕密」である。『般若心経』は顕教の経典か、密教の経典か、を論じる。密教経典とみなす論拠は、経題『般若心経』にみられる「般若心」とは、大般若菩薩の大心真言によって「般若心」の名を得たのであるから、『般若心経』は密教経典に属するとみなす。

ついで、顕教経典とみなす根拠は、

『般若心経』は、『大般若経』の肝心要を略出したものであるから、「般若心」と名づけたのであり、独立の経典として別の会場で説かれたものではない。だから、『般若心経』は顕教の経典である。

という。これに対する反論は、つぎのとおりである。

それは皮相の見解に過ぎない。あたかも巨大な龍に蛇に似た鱗《うろこ》があるからといって、その龍を蛇だとはいえない。これと同じで、『般若心経』に『大般若経』に似た文章があったとし

ても、ただちに顕教の経典だとはいえない。

第三は、正宗分の「問答決疑分」にみえる「真言の説不」である。詳細は「現代語訳」で見ていただくとして、ここではごく簡単に記しておきたい。「真言の説不」とは、真言陀羅尼を説いてよいか否か、である。質問して「真言陀羅尼は、これ大日如来のさとりの境界をありのままに説き示した如来の秘密のことばである。だから、古来三蔵や註釈家たちは、語らなかった。しかるにいま、『秘鍵』では陀羅尼を解釈している。如来のみこころに背くのではないか」という。

答えていう。大日如来の説かれた教えは二種類、顕わな教え（顕教）と秘密の教え（密教）である。顕教とは、顕わで易しい教えだけしか理解できない能力の人のために、多くの字句を用いて一つの意味を表わす表現形式でもって説かれた教えである。密教とは、深秘で奥深いことをも理解できる勝れた能力の人のために、一字に無量の意味を含む総持、すなわち真言陀羅尼をもって説かれた教えである。密教の教主大日如来はもちろん、龍猛・善無畏・不空三蔵などの密教の祖師たちも真言陀羅尼の奥深い教えを説いている。真言陀羅尼を説くか説かないかは、その真意を正しく理解できるかどうか、受けとる人の能力いかんによる。深秘の奥深い教えを説くか説かないか、いずれにしろ、仏のみこころに契《かな》っている、と。

第四は、同じく正宗分の「問答決疑分」にみえる「顕教と密教」である。質問して「顕教と密教の趣旨は、はるかにかけ離れている。顕教の経典とみなされる『般若心経』のなかに、真言の奥深い教えを説くとみなすのはおかしいのではないか」と。

答えていう。顕教と密教の違いは、それを識別できる能力を持つか持たないかによって決まるのであって、経文そのものに顕密の違いがあるのではない。たとえば、医学・薬学の知識に長けた者の眼には、見るものすべてが薬となり、宝石を鑑別する知識を持った人には、掘り出されただけの原石を見て、ただちに宝石か否かを識別できるのである。密教経典とみなすか、みなさないかは、見極める能力を持つか否かによるのである、と。

答えの最初「顕教と密教の違いは……」の原文は、「顕密は人に在《あ》り、声字は即ち非なり」である。ここでいわんとされたことは、『弁顕密二教論』に説かれる「衆生の秘密」にあたるといえよう

ともあれ、誰も指摘しないけれども、『秘鍵』の隠された主題の一つは、顕密の対弁であったとみなしておきたい。

さいごに一言申しておきたい。それは、「六国史」には社会不安をまねく事象が出来したとき、それらの災厄を取りのぞくために『般若心経』が読誦された記録が散見されたことについてである。つまり、古代において、『般若心経』は除災のための経典とみなされていた。しかるに、大師は除災の経典とはみなしておられないといってもよいことである。

序分の「利益の殊勝」のところで、『般若心経』を読誦し受持し講説し供養する功徳を示されて、

『般若心経』の一つ一つの文字には無量の功徳が具わっているので、この『般若心経』を読誦し受持し講説し供養すれば、ただちに一切の苦しみを抜き去り安楽を与えることができ、さらに進んで、『般若心経』にもとづいて修習し、その内容をよく思惟すれば、さとりを得、天眼・天耳・他心・宿命・神足・漏尽の六神通を得て、あらゆる神通力を発揮することができる。

といい、功徳に「抜苦与楽」があると記されるけれども、大師の真意は後半にあったといえる。すなわち、『般若心経』はわれわれを心安らかな世界に導いてくれる密教経典であり、われわれの目指すべきは「一心は是れ本居なり」の「本居」、われわれが生まれながらに具え持つ浄菩提心たる一心＝大日如来のみこころに安住することである、と申しておきたい。

## 第二　わが国における『般若心経』の受容と展開

### はじめに

『秘鍵』の特色は、一にも二にも『般若心経』は密教経典である、と大胆にいいきっておられ

るところにあった。それは、紛れもなく、お大師さまの『心経』観といってよいものであった。

では、お大師さまが活躍なさった奈良から平安時代初期のわが国において、『般若心経』はどのように受けとられていたのであろうか。このことを、「『般若心経』の受容と展開」と題して、一瞥しておきたい。

この「受容と展開」を考えるにあたって、二つの方面から考えてみたい。一つは「優婆塞《うばそく》（優婆夷《うばい》）貢進解《こうしんのげ》」にみられる『般若心経』であり、いま一つは「六国史」にみられる『般若心経』である。

## 一、「優婆塞（優婆夷）貢進解」にみられる『般若心経』

第一は、「優婆塞（優婆夷）貢進解」にみられる『般若心経』である。「優婆塞（優婆夷）貢進解」とは、「読経・誦経できる経典・陀羅尼などを列挙し、出家・得度を希望する男女を師僧が朝廷に推薦したときの文書」である。「優婆塞貢進解」の本文をあげてみよう（『寧楽遺文』中巻、五〇八頁）。

秦公豊足〈年廿九／美濃国当嗜郡垂穂郷三宅里戸頭秦公麿之戸口〉
読経　法華経一部　最勝王経一部
　　　方広経一部　弥勒経一部

涅槃経一部
雑経十五巻
誦経　薬師経一巻　観世音品　多心経
誦呪　大波（ママ）若呪　羂索呪　仏頂呪
大宝積呪　方広呪　十一面呪
金勝呪　虚空蔵呪　支波書呪
七仏薬師呪　水呪　結界文
唱礼具　浄行八年
天平四年三月廿五日　僧智首
（傍線筆者）

これは、今日、正倉院にのこるもっとも古い「優婆塞貢進解」であり、天平四年（七三二）三月二十五日、僧智首が二十九歳で仏道修行を八年おこなってきた（浄行八年）秦公豊足《はたのきみとよたり》を朝廷に推薦したときのものである。内容をみておきたい。

まず、「秦公豊足〈年廿九／美濃国……之戸口」とあって、出家・得度を希望する優婆塞の俗名と年齢・本貫が記される。ついで、「読経」「誦経」「誦呪」とあって、仏道修行の内容が具体的に記される。すなわち、「読経」とは経本を見ながら読むことができる経典、「誦経」とは経本を見ないで闇誦できる経典、「誦呪」とは同じく闇誦できる呪・陀羅尼が列挙されている。さいごに、「浄行八年」と師主のもとで僧となるために修行した年数をあげ、「天平四年三月廿五日僧智首」とこの推薦の文書である解《げ》を提出した日付と師主の僧名が記されている。

このように、「優婆塞（優婆夷）貢進解」の読経・誦経・誦呪または陀羅尼の項目に記された経典・呪・陀羅尼は、出家するまえの修行の段階で、いかなる経典・呪・陀羅尼を読み、闇誦していたかを記したものであり、それらの経典・陀羅尼の分析を通して、この時代の仏教の性格が読みとられてきた。つまり、多種多様な呪・陀羅尼が日常的に読誦されていたことが、この時代の特色の一つとして指摘されている。

それとともに、出家するまえの優婆塞・優婆夷が、少なからず「多心経」すなわち『摩訶般若波羅蜜多心経』を読誦していたことが知られるのである。正倉院文書には、五十通あまりの「優婆塞（優婆夷）貢進解」の存在が知られており、そのうち、読経・誦経・誦呪が明記されたものは三十九通であった。これら三十九通に「多心経」の記述の有無を確認したのが「表一、「優婆塞貢進解」にみられる『般若心経』」である。その結果、出家・得度を希望する三十九名の男女のうち、実に十九名がその修行時代に『多心経』（十六名）並びに『般若陀羅尼』（三名）を読誦していたことが判明した。この十九名を多いとみるか、少ないとみるかは意見の分かれるところであるが、私は決して少ない数ではないと考える。

よって、出家しようとする優婆塞・優婆夷にとって、『般若心経』は極めて身近な経典であった。言い換えると、『般若心経』は日常的に多くの人たちに読誦されていた経典であったといえよう。なお、ここにいう「多心経」は、『摩訶般若波羅蜜多心経』、つまり『般若心経』を指し、「般若陀羅尼」は「掲諦　掲諦　波羅掲諦　波羅僧掲諦　菩提薩婆訶」の明呪を指すとみなしておきたい。

表一、「優婆塞貢進解」にみられる『般若心経』（『寧楽遺文』中巻、五〇八～五三一頁）

| 通番号 | 年・月・日 | 出家希望者 | 心経の有無（誦＝誦経・誦呪） |
|---|---|---|---|
| 1 | 天平四年（七三二）三月廿五日 | 秦公豊足 | 誦・多心経 |
| 2 | 同　六年（七三四）七月廿七日 | 鴨県主黒人 | 誦・多心経 |
| 3 | 同　六年（七三四）七月廿七日 | 葛井連広往 | なし |
| 4 | 同　六年（七三四）七月廿七日 | 石上部忍山 | 誦・多心経 |
| 5 | 同　八年（七三六）一二月　日 | 溝辺浄土 | なし |
| 6 | 同一四年（七四二）一一月一四日 | 小治田朝臣於比売 | なし |
| 7 | 同一四年（七四二）一一月一五日 | 柿本臣大足 | なし |
| 8 | 同一四年（七四二）一一月一五日 | 秦大蔵連喜達 | 般若陀羅尼 |
| 9 | 同一四年（七四二）一一月一五日 | 小治田朝臣□□ | 誦・多心経 |

| | | | |
|---|---|---|---|
| 10 | 同一四年（七四二）一一月一五日 | 童子少広 | 誦・多心経 |
| 11 | 同一四年（七四二）一一月一五日 | 県犬養宿禰大岡 | 誦・多心経 |
| 12 | 同一四年（七四二）一一月廿三日 | 榎本連堅満侶 | なし |
| 13 | 同一四年（七四二）一二月一二日 | 曾禰造牛養 | なし |
| 14 | 同一四年（七四二）一二月五日 | 物部人足 | 誦・多心経 |
| 15 | 同一四年（七四二）一二月九日 | 大原史長額 | なし |
| 16 | 同一四年（七四二）一二月廿三日 | 船連次麻呂 | なし |
| 17 | 同一四年（七四二）一二月卅日 | 星川五百村 | 誦・般若陀羅尼 |
| 18 | 同一五年（七四三）正月七日 | 辛国連猪甘 | なし |
| 19 | 同一五年（七四三）正月七日 | 秦三田次 | なし |
| 20 | 同一五年（七四三）正月八日 | 日置部君稲持 | なし |
| 21 | 同一五年（七四三）正月九日 | ? | 誦・多心経 |
| 22 | 同一五年（七四三）正月九日 | 荒田井直族子麻呂 | なし |
| 23 | 同一五年（七四三）正月 | 八戸史族大国 | 誦・心経 |
| 24 | 同一六年（七四四）一二月一〇日 | 漆部連豊島 | 読・多心経 |

| | | | |
|---|---|---|---|
| 25 | 同一七年（七四五）四月一八日 | 宗我部人足 | なし |
| 26 | 同一七年（七四五）八月一日 | ? | なし |
| 27 | ? | 秦人乙麻呂 | なし |
| 28 | ? | 丹波史年足 | 誦・般若陀羅尼 |
| 29 | ? | 坂本君沙弥麻呂 | 誦・多心経 |
| 30 | ? | 寺史妖麿 | なし |
| 31 | ? | 丹比連大歳 | 誦・多心経 |
| 32 | ? | 秦伎美麻呂 | 誦・多心経　般若陀羅尼 |
| 33 | ? | 六人部馬養 | なし |
| 34 | ? | 牟下都土方 | なし |
| 35 | ? | 石上部君島君 | 誦・多心経 |
| 36 | ? | 百済連弟麻呂 | なし |
| 37 | ? | 丹波史橋女 | 誦・心経 |
| 38 | ? | ? | なし |
| 39 | ? | 錦織部連吉足 | 誦・心経 |

## 二、「六国史」にみられる『般若心経』

第二は、「六国史」にみられる『般若心経』である。「表二、「六国史」にみられる『般若心経』」は、私が確認することができた十八条を一覧表にしたものである。これは、『般若心経』に限定した数である。般若経典類は、この『心経』以外に、『大般若経』の転読と『金剛般若経』の転読・講讃が散見され、数としては『般若心経』よりもこちらの方が多い。

さて、表二からは何がわかるか。われわれが一番知りたいこと、すなわち、わが国の古代において、『般若心経』はいかなる目的のために書写され、転読・講讃されたのかが見えてくる。言い換えると、古代日本人の『般若心経』観というか、『般若心経』をいかにみていたか、がわかるのである。一つ一つの事例をみていくことにしたい。

### 1、天平宝字二年（七五八）八月十八日の条

第一は、『続日本紀』巻二一、天平宝字二年（七五八）八月十八日の条である（『国史大系』第二巻、二五四頁）。来年は水旱疾疫《すいかんしつえき》の災いが起きるという「三合《さんごう》」の歳にあたるので、それらの災厄を未然に防がんとして、行住坐臥のあいだ、閑《ひま》があれば常に『摩訶般若波羅蜜多心経』を念誦すべきことが、天下諸国の老若男女に命ぜられたのであった。私に五段落に分かって、本文をあ

表二、「六国史」にみられる『般若心経』　＊『日本書紀』と『日本文徳天皇実録』にはみられなかった。

| 通番号 | 六国史名・巻次 | 年・月・日 | 適　要 |
| --- | --- | --- | --- |
| 1 | 続日本紀　巻二一 | 天平宝字二年(七五八)八月十八日の条 | 明年三合に当たるにより般若心経を読む |
| 2 | 同　書　巻三三 | 宝亀五年(七七四)四月十一日の条 | 疾疫のため、京畿七道に般若心経を転読す |
| 3 | 日本後紀　巻二四 | 弘仁五年(八一四)十月二十二日の条 | 常楼卒伝、毎日心経百巻を読む |
| 4 | 続日本後紀　巻　七 | 承和五年(八三八)十一月七日の条 | 疾疫のため、京畿七道に般若心経を転読す |
| 5 | 同　書　巻　八 | 承和六年(八三九)二月十五日の条 | 彗星のため、東西両寺に般若心経を講読す |
| 6 | 日本三代実録　巻　七 | 貞観五年(八六三)五月二十日の条 | 神泉苑御霊会。一霊ごとに心経を誦ず |
| 7 | 同　書　巻一〇 | 貞観七年(八六五)四月五日の条 | 内裏幷びに諸司諸所に般若心経を読む |
| 8 | 同　書　巻一〇 | 貞観七年(八六五)五月十三日の条 | 神泉苑及び京中に般若心経を読み、疫神祭を修す |
| 9 | 同　書　巻一二 | 貞観八年(八六六)正月五日の条 | 文徳天皇の奉為に天安寺に転読す |

| | | | |
|---|---|---|---|
| 10 | 同書　巻一二 | 貞観八年（八六六）二月七日の条 | 信濃国三和・神部両神に奉幣・転読し神怒を謝す |
| 11 | 同書　巻一二 | 貞観八年（八六六）二月十四日の条 | 阿蘇大神に奉幣・転読し神怒を謝す |
| 12 | 同書　巻一二 | 貞観八年（八六六）二月十六日の条 | 住吉神社に転読す |
| 13 | 同書　巻一二 | 貞観八年（八六六）閏三月朔日の条 | 京の貧者を賑給し、近京の諸寺に転読す |
| 14 | 同書　巻一二 | 貞観八年（八六六）四月五日の条 | 近京の諸寺に転読す |
| 15 | 同書　巻一三 | 貞観八年（八六六）十月二十七日の条 | 近京四十三寺に転読す |
| 16 | 同書　巻一四 | 貞観九年（八六七）五月十日の条 | 紫宸殿にて転読す |
| 17 | 同書　巻二一 | 貞観十四年（八七二）五月三十日の条 | 大蛇、般若心経を呑む |
| 18 | 同書　巻二七 | 貞観十七年（八七五）十一月十五日の条 | 明年三合に当たるにより般若心経を読む |

げてみよう。

丁巳（十八日）、勅したまはく、

①「大史《だいし》奏して云はく、「九宮経《くくうきょう》を案《かむが》ふるに、来年《きたるとし》己亥《つちのとゐ》は三合《さんがふ》に会すべし。その経に云はく、『三合《さんがふ》の歳《とし》は水旱疾疫《すいかんしつえき》の災《わざはひ》有り』といふ」といふ。

②如聞《きくな》らく、「㋐摩訶般若波羅蜜多は是れ諸仏の母なり。四句の偈等を受持し読誦せば、福徳聚《あつま》ること得て思ひ量《はか》るべからず」ときく。
③是《ここ》を以《もち》て天子念すれば、兵革《へいかく》災害は国の裏《うち》に入《い》らず。庶人《しゅにん》念すれば、疾疫癘鬼《しつえきれいくゐ》は家の中《うち》に入《い》らず。㋑悪を断ち祥《しゃう》を獲《う》ること、此《これ》に過ぎたるは莫《な》し。
④天下《あめのした》の諸国《くにぐに》に告げて、男女《だむぢょ》老少を論《あげつら》ふこと莫《な》く、起坐行歩《きざかうほ》に口に閑《なら》ひて、㋒皆尽《ことごと》く摩訶般若波羅蜜を念誦せしむべし。其れ文武百官の人等《ひとども》は、朝《でう》に向ひ司《つかさ》に赴《おもむ》く道路《みち》の上《ほとり》に、日《ひ》毎《ごと》に常に念《ねむ》して、往来を空《むな》しくすること勿《なか》れ。
⑤庶《ねが》はくは、風雨時《とき》に随ひて咸《ことごと》く水旱《すいかん》の厄《わざはひ》無く、寒温《かんをん》気を調《ととの》へて悉く疾疫《しつえき》の災《わざはひ》を免《まぬか》れしめむことを。普く遐邇《かじ》に告げて朕《わ》が意《こころ》を知らしめよ」とのたまふ。（○番号・傍線筆者）

これを要約してみよう。

天皇のおことばを伝えます。
①陰陽寮からつぎのように上奏してきた。「『黄帝九宮経《こうていくきゅうきょう》』によると、来年は三神、すなわち大歳《たいさい》・客気《かくき》・太陰《たいいん》が相合う三合《さんごう》の年にあたる。『同経』には『三合の年には水害・日照り・流行病などの災いが起きる』とある」と。
②聞くところによると、「㋐摩訶般若波羅蜜多はこれ諸仏の母である。四句の偈すなわち掲諦（ギャテイ）掲諦（ギャテイ）等の偈頌を受持し読誦すれば、仏果にいたる功徳が得ら

れることは、考えが及ばないほど甚大である」と。
③そのようであるから、天皇が摩訶般若波羅蜜多を念誦すれば、兵乱や災害が国内では起こらず、民衆が念誦すれば、流行病や疫病神が家のなかに入ってこない。ⓘ悪・わざわいを断ち幸い・幸福を獲得するうえで、これに勝るものはない。
④そこで、日本全国につぎのように布告した。男女・老若を問わず、行住坐臥いついかなるときも、口が閑《ひま》なときは、ⓤことごとく摩訶般若波羅蜜多を念誦しなさい。また、文武百官すべての役人たちは、朝廷・役所に出仕する途中の路上においても、毎日つねに念誦し、往復の時間を無駄にしてはいけない。
⑤願うところは、季節・風雨が順調にめぐって水害・日照りなどの災害がまったくなく、気温も適度であって流行病などの災いをことごとく免れることである。このことを普く国中に告げしらせて、すべての国民の幸せを願うわたくしのこころを熟知させなさい。
ここでは、明年、暦のうえでの厄年である「三合」を迎えるにあたり、水害・日照り・流行病などの災厄を未然に防ぐため、天皇をはじめ、すべての日本国民に対して、四六時中不断に、『摩訶般若波羅蜜多心経』を念誦することが命ぜられたのであった。

ここで注目すべきことが二つある。一つは、②の傍線部ⓐ「摩訶般若波羅蜜多はこれ諸仏の母である。四句の偈すなわち掲諦（ギャテイ）掲諦（ギャテイ）等の偈頌を受持し読誦すれば、仏果にいたる功徳が得られることは、考えが及ばないほど甚大である」と記すところである。なぜなら、『秘鍵』の冒頭にいう「覚母の梵文は調御の師なり」をはじめ、『秘鍵』でお大師さまが一番言いたかったこと――『般若心経』の肝心要は掲諦（ギャテイ）掲諦（ギャテイ）の呪明・真言である――と、相通じるからである。ここに、「仏果にいたる功徳が得られることは、考えが及ばないほど甚大である」と訳した原文は、「福徳聚《あつま》ること得て思ひ量《はか》るべからず」であって、ここにはまだ、『般若心経』の読誦と水害・日照り・流行病などの災厄からの避難との関連はみられない。

この災厄からの避難・断除が、注目すべきことの二つ目である。すなわち③の㋒に、天皇をはじめ日本国民すべてが『摩訶般若波羅蜜多心経』を念誦することが、兵乱や災害、流行病や疫病神などの災厄を断ち、幸いを獲得するうえで、これに勝るものはない、という。『秘鍵』上表文に、嵯峨天皇が大疫を断除するために『般若心経』を書写されたことの典拠といってもよいのが、この③であろう。ここで、『般若心経』と災厄からの避難・断除がむすびついたのであった。

**2、宝亀五年（七七四）四月十一日の条**

「六国史」にみられる『般若心経』の第二は、『続日本紀』巻三十三、宝亀五年（七七四）四月十一日の条である（『国史大系』第二巻、四一六頁）。この日、疾疫の災厄を取り除くため、京畿七道に般若心経の転読が命ぜられたのであった。『般若心経』を転読する理由は、「天下の諸国に疾疫の者衆《ひとおお》し」であったが、勅《みことのり》の文章そのものは先にみた天平宝字二年（七五八）八月十七日の条と極めてよく似ている。同じく、私に五段落に分かって本文をあげてみよう。

己卯（十一日）、勅《みことのり》して曰《のたま》はく、

①「如聞《きくな》らく、「天下《あめのした》の諸国《くにぐに》に疾疫《しつえき》の者衆《ひとおほ》し。医療《いれう》を加《くは》ふと雖も猶《なほ》平復《へいふく》せず」ときく。

②朕《われ》、宇宙《うちう》に君《きみ》として臨み、黎元《れいぐゑん》を子《こ》として育《はぐく》む。興言《ここ》に此《これ》を念《おも》ひて、寤寐労《ごびらう》を為せり。

③(あ)其れ摩訶般若波羅蜜は諸仏の母なり。天子これを念ずれば、兵革《へいかく》災害は国の中《うち》に入《い》らず。庶人《しゅにん》これを念ずれば、疾疫癘鬼《しつえきれいくゐ》は家の内《うち》に入《い》らず。この慈悲に憑《よ》りて、彼の短折《たんせつ》を救はむと思欲《おもほ》す。

④天下《あめのした》の諸国《くにぐに》に告げて、男女《だむぢょ》老少を論《あげつら》はず、起坐行歩《きざかうほ》に(い)咸《ことごと》く摩訶般若波羅蜜を念誦せしむべし。其れ文武の百官、朝《でう》に向ひ曹《さう》に赴《おもむ》く道次《みち》の上《ほとり》と、公務《くうむ》の余《あまり》とには、常に必ず念誦《ねむじゅ》せよ。

⑤庶《ねが》はくは、陰陽《おむやう》序《つぎて》に叶ひて寒温《かんをん》気を調《ととの》へ、(う)国に疾疫《しつえき》の災《わざはひ》無く、人をして天年の寿《よはひ》を遂《と》げしめむことを。普く遐邇《かじ》に告げて朕《わ》が意《こころ》を知らしめよ」とのたまふ。（〇番号・傍線筆者）

先にみた1の勅《みことのり》とちがっているところだけを要約してみたい。

まず、①であるが、ここには『心経』を読誦する理由が書かれている。すなわち、「聞くところによると『国内に流行病にかかった人が極めて多い。治療を加えたけれども、なかなか平復しない』といい、この時読経を命じた理由は疾疫の流行によることであった。この疾疫の流行であるが、『続日本紀』には、同年二月十七日疫気を払うために諸国にて読経せしめたのをはじめ、二月十三日の京師・二月三十日の尾張・三月四日の讃岐・三月七日の大和・三月九日の三河・三月二十二日の能登など、飢饉ならびに窮民に米塩が支給された記録がみられる。この飢饉は疾疫と無関係ではなかったとみなされており、二月十七日に引き続いて、約二ヶ月後のこの日、『般若心経』の読誦が全国的に命ぜられたのであった。

ついで、②では「われは天地のあいだの帝王として君臨し、万民を子のように大切にしてきた。いま、多くのものが流行病に苦しんでいると聞き、寝ても醒めても苦労が絶えない」と、天皇は四六時中、このことに心を痛めていることが記される。

③は、「其れ摩訶般若波羅蜜多は諸仏の母なり」と書きだし、先の勅と同じく『般若心経』の読誦によってもたらされる功徳を記し、さいごに「『般若心経』の慈悲によって、年若くして亡くなる人を救いたい」という。

④と⑤は、先の勅とほぼ同じである。ただ⑤の願意のなかの㋒に、「国中に流行病の災厄がなくなり、人々が若死にすることなく天寿を全うできますように」との一句が加えられている。

留意すべきは、ここでも疫疾＝はやりやまいに苦しむ人々のために『般若心経』の読誦が命じられていることである。

### 3、弘仁五年（八一四）十月二十二日の条

第三は、『日本後紀』巻二十四、弘仁五年（八一四）十月二十二日の条の「常楼卒伝」である（『国史大系』第三巻、一二八頁）。常楼は、お大師さまの母上とおなじ安都宿禰《すくね》氏出身の善珠の弟子であった。常楼は、七十四歳で示寂するまでの四十年間、『般若心経』百巻・『無染着陀羅尼』百八遍を誦ずることを日課としていたと記される。この常楼の『般若心経』読誦は、善珠から学んだものであり、善珠の事跡を考える上で、極めて示唆に富むものであると考える。その詳細は、「第三　お大師さまと『般若心経』」の「おわりに」の項で述べることにしたい（『本書』一四七〜一四九頁参照）。

### 4、承和五年（八三八）十一月七日の条

第四は、『続日本後紀』巻七、承和五年（八三八）十一月七日の条である（『国史大系』第三巻、七九〜八〇頁）。これは、お大師さまが入定されてから三年目、災いの兆しが頻繁にみられるとのことで、すべての国民に『般若心経』の読誦を命じたものである。本文を五段落に分けてあげることにする。

辛酉（七日）。勅《みことのり》したまはく。

①「《すなわ》酒ち妖祥《ようしょう》を屢《しばしば》見る。氛祲《ふんしんや》息まず。民と歳とを思ふに、寝と食とを忘る。

②其れ黎庶《れいしょ》疾疫《しつえき》の憂《うれひ》無くんば、農功《のうこう》に豊稔の喜び有らしむるに、あ般若妙詮の力、大乗不二の徳には如かず。普く京畿・七道に告げて、般若心経を書写・供養せしむ。

③仍って須からく国・郡司、幷びに百姓をして、人別に一文の銭、若しくは一合の米を出《いだ》さしめ、郡別に一つの定額寺、若しくは郡館に於いて之を収め置き、国司・講師惣《そう》じて検校を加へ、出す所の物は、分けて二分と為し、一分は写経料に充《あ》て、一分は供養料に充つべし。

④其の米は、来年二月十五日各《おのおの》本処に於いて、精進練行にして演説に堪へたる者を屈請し、法筵を開設して、受持し供養すべし。会に当っては、前後幷《あわ》せて三ヶ日の内、殺生を禁断すべし。公家捨つる所の物は、一つの会処毎《ごと》に、正税稲一百束を以て之に充てよ。

⑤庶《ねが》はくは、普く天の下旁《あまね》く勝業を薫じて、率土の民と共に仁寿《じんじゅ》に登らしめん」と。

（○番号・傍線筆者）

右を要約しておく。

天皇のおことばを伝えます。

①ここにいたって、災いの兆しが頻繁に見られるようになった。この災いの気配は一向に止

まない。国民の幸せと農作物の稔りのことを考えると、寝ること・食事することを忘れるほどである。

②全国民にとって疫病の憂《うれ》いがなくなり、農作物が豊かに稔る喜びをとりもどすには、㋐般若経のもつ摩訶不思議な力、大乗の教えの最妙なる功徳に勝るものはない。そこで、あまねく京畿・七道、つまり日本国中に命じて、『般若心経』を書写し供養させることにした。

③そういう訳で、国司・郡司をはじめすべての民衆に対して、人別に銭一文、もしくは米一合を差し出させ、これらは郡別に一つの定額寺、もしくは郡館にて収め置き、国司・講師がすべてにわたって点検し監督しなさい。これを持ち出すときは、二つに分けて、半分は写経料に充て、半分は供養料に充てなさい。

④（其の米は、）来年二月十五日、それぞれ（郡別の）本所において、法会の場を設け、精進練行して演説に堪能な僧を屈請して、『般若心経』を受持し供養しなさい。法会を開催するにあたっては、前後三日のあいだ、殺生を禁止しなさい。朝廷からの支給物は、一つの法会会場ごとに、正税稲一百束をもって充てなさい。

⑤願うところは、この勝れた行い＝『般若心経』の書写・供養の功徳をあまねく日本国中にめぐらせて、すべての民衆がそろって天寿を全うできることである。

この『般若心経』による供養会は、災いの兆しが頻繁にみられるとのことで、疫病の憂《うれ》いがなくなり、農作物が豊かに稔る喜びをとりもどすことを目的として、諸国すべてに命じたものであった。

ここで留意すべきことが二つある。第一は、疾疫の憂いを除き農作物の豊作を祈るために『般若心経』を選んだ理由を、傍線部㋐に「般若経のもつ摩訶不思議な力、大乗の教えの最妙なる功徳に勝るものはない」と記すことである。ここにいう「般若経のもつ摩訶不思議な力」とは、『般若心経』の真言・陀羅尼のもつ呪の力を指したものといえよう。

第二は③で、すべての民衆に対して、人別に銭一文、または米一合を供出させ、それを二分して、『般若心経』の写経料と供養料に充てていることである。「すべての民衆に供出させる」は、どこまで徹底できたかはわからないけれども、天皇の想いの一端をうかがうことができよう。なお、「来年二月十五日に法会の場を設け、『般若心経』を受持し供養しなさい」と④に記すけれども、『続日本後紀』のこの日の条には供養の記録は見られない。

**5、承和六年（八三九）二月十五日の条**

第五の事例は、『続日本後紀』巻八、承和六年（八三九）二月十五日の条である（『国史大系』第三巻、八五頁）。本文をあげると、

東西両寺をして、般若心経を講読せしむ。彗星《すいせい》頻りに見るを以てなり。（傍線筆者）

とあって、彗星《すいせい》のため、東西両寺において『般若心経』を講読させたという。彗星はむかし、災害の前兆と信じられた不吉な星＝妖星《ようせい》とみなされており、災害を未然に防ぐために、『般若心経』を講読させたのであった。この条で注目すべきは、講読の場が「東西両寺」とあって、東寺が選ばれていることである。なぜなら、お大師さまが造東寺別当となられてから十五年、東寺の伽藍が整ってきていたことを知りうるからである。

## 6、貞観五年（八六三）五月二十日の条

第六の事例は、『日本三代実録』巻七、貞観五年（八六三）五月二十日の条である（『国史大系』第四巻、一一二〜一一三頁）。これは、京都祇園祭の端緒となったともいわれる神泉苑における御《ご》霊会《りょうえ》の記録である。本文を六段落に分けてあげてみよう。

①廿日壬午。神泉苑に御霊会を修しき。

② 勅《みことのり》して左近衛中将従四位下藤原朝臣基経、右近衛権中将従四位下兼行内蔵頭藤原朝臣常行等を遣《や》りて、会の事を監《み》しめ給ひ、王公卿士《けいし》赴き集《つど》ひて共に観《み》き。

③霊座《りやうざ》六の前に几筵《きえん》を設け施し、花果を盛り陳《なら》べて、恭敬薫修しき。律師慧達を延《ま》せて講《こう》師《じ》と為《な》し、金光明経一部、般若心経六巻を演説し、雅楽寮《うたれう》の伶人《れいじん》に命《おほ》せて楽を作《な》し、帝《みかど》の近侍《きんじ》の児童《わらは》、及び良家《りやうか》の稚子《ちご》を以て舞人《まひびと》と為し、大唐、高麗《こま》更出《またい》でて舞ひ、雑伎散楽競ひ

て其の能を尽しき。此の日宣旨ありて苑の四門を開き、都邑《といふ》の人の出入して縦観《しょうくわん》するを聴し給ひき。

④所謂《いはゆる》御霊とは、崇道天皇、伊予親王、藤原夫人（吉子）、及び観察使（仲成カ）、橘逸勢、文室《ふむやの》宮田麻呂等是なり。並びに事《こと》に坐《つらな》りて誅《つみ》せられ、冤魂厲《ゑんこんおに》と成る。近代以来、疫病《えやみ》繁《しき》りに発《おこ》りて、死亡するもの甚《おほ》だ衆し。天下以為《おもへ》らく、此の災《わざはひ》は御霊の生《な》す所なりと。

⑤京畿《けいき》より始めて爰《ここ》に外国《げこく》に及び、夏天秋節《かてんしうせつ》に至る毎に御霊会を修《ず》して往々《よりより》に断たず、或は仏を礼し経を説き、或は歌ひ且つ舞ひ、童貫《どうくわん》の子をして靚粧《せいしょう》して馳射《ちしゃ》し、膂力《りょりょく》の士をして袒裼《たんせき》して相撲《すまひ》せしめ、騎射《きしゃ》芸を呈《あらは》し、走馬勝《かち》を争ひ、倡優嫚戯《しょうゆうまんぎ》して、遞《たがひ》に相ひ誇《ほこ》り競はしむ。聚《あつま》りて観《み》る者、填咽《てんえつ》せざるなく、遐邇因循《かじいんじゅん》して、漸く風俗を成す。

⑥今茲《ことし》春の初め、咳逆《しはぶき》、疫《えやみ》と成りて、百姓《ひゃくせい》多く斃《たふ》れ、朝廷為に祈り、是《ここ》に至りて乃《すなは》ち此の会を修《ず》す。以て宿禱《しゅくとう》に賽《さい》せしなり。（傍線筆者）

これを要約しておく。

①二十日。神泉苑において御霊会《ごりょうえ》を修した。

②天皇の命により、左近衛中将の藤原朝臣基経と右近衛権中将・内蔵頭の藤原朝臣常行等を派遣して、この会を監督させた。天皇家をはじめ公卿から下級官人にいたる多くの人たちが参集し、この会を観《み》た。

③六人の御霊の前には机を置き筵が敷かれ、花と果実が供えられて、恭しく香がたかれた。律師慧達を招請して講師《こうじ》とし、金光明経一部、般若心経六巻を講説させた。あわせて、雅《う》楽寮《たりょう》の楽人に雅楽を演奏させ、天皇につかえる児童《わらわ》と身分の良い家の幼児を舞人《まいびと》として大唐楽・高麗《こま》楽を舞わせ、民間の芸能・軽業などの雑芸もきそってその芸を披露した。またこの日は、天皇の特別のはからいで神泉苑の四つの門が開放され、都の人も田舎の人も自由に出入りして観ることをゆるした。

④世に言う御霊とは、崇道《すどう》天皇＝早良親王、伊予親王、藤原夫人（吉子）、および観察使（藤原仲成カ）、橘逸勢《はやなり》、文室宮田麻呂《ふむやの》等である。これらの人は、ある事件の巻き添えによって罪を科せられ、無実の罪で死んでいったこれらの人の霊魂はもののけとなった。ところでこのころ、しきりに疫病が発生し、死亡するものが甚だ多い。人々は想い想いに、この災厄は御霊のなせるところである、という。

⑤御霊を慰撫する催しは、京・畿内からはじまって、ついにそれ以外の国にもおよび、夏・秋の季節に至るごとにたびたび修されてきた。（以下略す）

⑥今年の春のはじめ、咳《せき》のでる病（咳逆《しわぶき》）が流行病（疫《えやみ》）となって、多くの民衆が死んでいった。そこで、朝廷はそれらの人のために祈ってきたが、ここに至って御霊会を修することにした。この御霊会をもって、とどまれる御霊に祈りむくいるのである。

このとき、無実の罪を科せられて死に追いやられ、その後、災厄をもたらす怨霊として人々から恐れられた六人の御霊《みたま》が、『金光明経』一部と『般若心経』六巻の講説によって慰撫されたのであった。

ここで注目すべきは、この六名のなかには、お大師さまと関わりのあった人物が四名も含まれていたことである。すなわち、乙訓寺に幽閉された早良親王、おじの阿刀大足から学問を授けられた伊予親王とその母・藤原吉子、同じ船でもって入唐した橘逸勢の四名である。地震・台風などによる水害・日照り・暴風雨による家屋の倒壊・疾病の流行など社会不安をまねくできごとが起きるたびに、これらの人たちの怨霊のなせる業として恐れられ、仏教経典の転読などによって、その霊が慰撫された記録が散見される。

しかるに、このように御霊の実名をあげての慰撫は、これが最初であったと思われる。この御霊会の契機となったのは、⑥に「今年の春のはじめ、咳《せき》のでる病（咳逆《しわぶき》）が流行病（疫《えやみ》）となって、多くの民衆が死んでいった」という流行病の蔓延であった。その御霊の慰撫が『般若心経』の呪力に託されたのであった。

## 7、貞観七年（八六五）四月五日の条以降

紙数の関係から7～18の事例を一括してみておきたい。7の貞観七年（八六五）四月五日の条

以降も、9と17を除いた十の事例に、流行病の除去や災害・疫病の防止（7の事例）、神の怒りを鎮め兵乱を排除する（10〜12の事例）、といった理由で、『般若心経』の読誦が行われたのであった。

また、18貞観十七年（八七五）十一月十五日の事例は、最初にみた「三合」に関連する記録である。『黄帝九宮経』によると、「三合」の年には「毒をふくんだ気が盛んとなり、水害と日照りが合せて起り、早苗は傷つき、火災の難があり、群れをなして人民を攻め脅かして損害をあたえる寇盗《こうとう》がしきりに起き、兵乱による使者や流行病も相次いで発生する」とある。明年がこの「三合」の年にあたる。天平宝字三年（七五九）の「三合」は、天下に命じて『般若心経』を読誦した結果、その災厄を免れることができた。この例を手本として、明年の「三合」の災厄を未然に防止したいと、『般若心経』の読誦が命ぜられたのであった。

この時代における特筆すべきことが二つある。一つは、読誦の遍数が厖大になっていたことであった。たとえば、

・金剛般若経千巻・般若心経万巻　………　9・10
・金剛般若経三千巻・般若心経三万巻　…　11・12

といったように、一万巻を超える事例が四つもみられるのである。

あと一つは、貞観八年（八六六）二月、「諸国の神がみが怒って、兵乱と疫疾の災いを起そう

としている」との奏上にもとづき、奉幣と『金剛般若経』『般若心経』の転読が命ぜられていることである。七日には信濃国三和・神部の両神に対して（10）、十四日には阿蘇大神に対して（11）、十六日には摂津国住吉神に対して（12）転読されたのであった。なおこの年は、わが国の神々に対する記録が飛び抜けて多いことを付記しておきたい。

## おわりに

以上、「六国史」にみられる『般若心経』をみてきた。十八条しかなく、決して多いとはいえなかったけれども、この時代の『般若心経』観といってよい文章に出会えたことを、特記しておきたい。

その『般若心経』観であるが、第一の事例に、

摩訶般若波羅蜜多はこれ諸仏の母である。四句の偈すなわち掲諦（ギャテイ）掲諦（ギャテイ）等の偈頌を受持し読誦すれば、仏果にいたる功徳が得られることは、考えが及ばないほど甚大である。

と記されていた。

ここに「四句の偈すなわち掲諦（ギャテイ）掲諦（ギャテイ）等の偈頌を受持し読誦すれば」と現代語訳したところの原文は、「四句の偈等を受持し読誦せば」であったが、「四句の偈等」と

あるので、「掲諦　掲諦　波羅掲諦　波羅僧掲諦　菩提薩婆訶」の一節を指すことはまちがいないであろう。また、「仏果にいたる功徳が得られることは、考えが及ばないほど甚大である」と訳した原文は、「福徳聚《あつま》ること得て思ひ量《はか》るべからず」であった。

ここにみられる『般若心経』観は、お大師さまの『般若心経』観と相通じることから注目されるのである。すなわち、お大師さまは、『秘鍵』の冒頭で、

覚母の梵文は調御の師なり

〔訳〕般若仏母が手にもつ梵文の経典は、そこに説かれる教えにもとづいて開悟するので、仏の師という。

といい、本文中で『般若心経』の肝心要は掲諦（ギャテイ）掲諦（ギャテイ）の呪明・真言である、といっておられるからである。

第二の特色としては、水害・日照り・流行病などの災厄を除去するのにもっとも効果が期待できるのが『般若心経』の念誦である、と記されるところである。これも、第一の事例に、天皇をはじめ日本国民すべてが『摩訶般若波羅蜜多心経』を念誦することが、兵乱や災害、流行病や疫病神などの災厄を断ちきり、幸福を獲得するうえで、これに勝るものはない。とみられるのであった。

ただし、この『般若心経』の念誦が災厄を除去するのに絶大なる効果がある、とする点は、

『秘鍵』にはみられない。お大師さまは、『般若心経』の念誦はさとりにいたる近道である、と喝破しておられたのであった。

# 第三　お大師さまと『般若心経』

## はじめに

お大師さまの『般若心経』観は、どのようなものであったのであろうか。お大師さまの『般若心経』観といえば、『般若心経秘鍵』に尽きるであろうが、ここでは『秘鍵』以外のお大師さまの文章にみられる『般若心経』を一瞥し、いつ、どのような場面で『般若心経』と関わってこられたか、をみておきたい。それとともに、般若経典の一つである『金剛般若経』についても、同様にみておくことにしたい。

## 一、お大師さまの文章にみられる『般若心経』

はじめは、お大師さまの文章にみられる『般若心経』である。お大師さまの漢詩文を収録した『遍照発揮性霊集』十巻には、百十篇あまりの漢詩文がみられる。このなかには、葬儀・追善の法要などの仏事に際して書かれた願文・表白・達嚫文など四十一篇がみられ、お大師さまの文章の一大部門を形成していると言っても過言でない。

それはともあれ、『性霊集』のなかには、三つの願文に『般若心経』がみられる。すなわち、

1大同二年（八〇七）二月十一日「大宰少弐田中氏の亡母のための願文」（『定本全集』第八巻、一二四頁）

2弘仁十二年（八二一）十月八日「参軍葛木氏の亡父のための願文」（『定本全集』第八巻、一二一頁）

3天長六年（八二九）七月十八日「大夫三島助成の亡息女のための表白」（『定本全集』第八巻、一四五頁）

の三つである。一つ一つの文章にあたって、具体的にみてみよう。

**1大同二年（八〇七）二月十一日「大宰少弐田中氏の亡母のための願文」**

第一は、唐から帰国直後の大同二年二月十一日、大宰少弐であった田中氏の亡母の一周忌を修したときの願文である。現存する願文のなかで、もっとも古い願文であること、帰国早々のこの時点で、曼荼羅が作成されていることなど、お大師さまの事績の上からも注目すべき文章の一つである。

大師の願文の特色は、四つの段落によって構成されていることである。ここに引用するのは、その第三段落、すなわち追善の法要を修するに際して、亡き人の菩提を祈るために行われた数々の作善、つまり仏像の造立・仏画の図絵・書写し講讃した仏典などを記すとともに、法会当日の様子などが記される一節である。その本文をあげてみよう。

> 是を以て大同二年仲春十一日、恭《つつし》んで千手千眼大悲菩薩幷《なら》びに四摂八供養摩訶薩埵等の一十三尊を図絵し、幷びに妙法蓮華経一部八軸、般若心経二軸を写し奉り、兼ねて荒庭《こうてい》を掃洒《そうさい》して聊《いささ》か斎席を設けて潔《いさぎよ》く香華を修し、諸尊を供養す。（傍線筆者）

これを要約しておく。

> そこで大同二年二月十一日、謹んで千手千眼大悲菩薩を中尊とし、金剛鉤《こんごうこう》・金剛策《さく》・金剛鎖《さ》・金剛鈴《れい》の四摂《ししょう》菩薩、内・外おのおの四供養菩薩を加えた十三尊曼荼羅を図絵し、あわせて『妙法蓮華経』一部八軸、『般若心経』二軸を書写した。そのうえ庭を掃き清めて、心ばかりの法会の場を設け、香華を供えて、曼荼羅諸尊を供養した。

この願文には、注目すべきことが二つある。第一は、中尊の千手千眼観世音菩薩に四摂・八供養菩薩を加えた十三尊曼荼羅が画かれたことである。前年の十月二十二日付で『御請来目録』が撰進されており、それから三ヶ月余りでこの曼荼羅が画かれたのであった。詳細は不明であるが、この法会のために曼荼羅が図絵されたことは間違いないであろう。これは、わが国での曼荼羅図絵の嚆矢として記憶されるべきである。

第二は、追善の仏事に際して、八巻本の『妙法蓮華経』と『般若心経』二巻が書写され、追善の仏事が執り行われたことである。ここには、「般若心経二軸」とあるだけで、誰の訳本であったかなどはわからない。なお、『大正蔵経』所収の『法華経』は羅什訳の七巻本であるが、ここにいう「一部八軸」の八巻本は、奈良時代の記録にみられることから留意すべきであろう。

## 2、弘仁十二年（八二一）十月八日「参軍葛木氏の亡父のための願文」

第二は、弘仁十二年（八二一）の「葛木の参軍《さんぐん》、先考《せんこう》の忌斎《きさい》を設くる願文」である。この年、お大師さまは超多忙であった。それは、四月から八月にかけて、両部の曼荼羅など二十六鋪の図絵を行い、九月七日に開眼法要を執り行ったからであった。お大師さまが青年期から入唐にいたる若き日の感慨を、

①弟子空海、性熏我《しやうくんわれ》を勧めて還源《げんげん》を思ひとす。径路《けいろ》未《いま》だ知らず。岐《ちまた》に臨《のぞ》んで幾《いく》たびか泣《な》く。
②精誠感《せいせいかん》有って此《こ》の秘門《ひもん》を得たり。文《もん》に臨《のぞ》んで心《こころ》昏《くら》うして、
③赤県《せきけん》を尋《たず》ねんことを願ふ。人の願ひに天《てん》順《したが》ひたもふて、大唐《だいたう》に入ることを得たり。（〇番号筆者）

と記されたのが、この法要の願文であった（『定本全集』第八巻、一〇八～一〇九頁）。

また、十一月に藤原冬嗣・三守に書き送った書簡には、

①嗟乎《ああ》、俗に在《あ》って道を障《ふさ》ぐこと、妻子尤《もっと》も甚だし。道家の重累は弟子、是《これ》魔なり。如《し》かじ、弟子の愛を絶って国家の粒《かて》を却《しりぞ》けんには。

②斗藪して道に殉《じゅん》じ、兀然《ごつぜん》として独坐せば、水菜能《よ》く命を支え、薜蘿是吾《へいらこれ》が衣たり。修する所《ところ》の功徳、以て国徳《くにのめぐみ》に酬《むく》う。

③所有の経仏等は杲隣・実恵に伝授す。恐らくは、人《ひと》金剛にあらず。蜉蝣是寿《ふゆうこれよわい》なり。一去の後、再面期し難《がた》し。二・三の弟子等、両相国に属《しょく》し奉る。

④伏して願わくは、時々検を垂れて秘教を流伝せられれば、幸甚、幸甚。(○番号・傍線筆者)

と、何かとご労苦があったのであろう、死をイメージさせる文章がみられるのであった(『定本全集』第七巻、一〇八頁)。

ちょうどこの中間に書かれたのが、この近衛の将監《しょうげん》であった葛木魚主の亡き父母のための願文であった。『般若心経』は、その第三段落につぎのようにみられる。

謹んで弘仁十二年十月八日を以て、先考妣《せんこうひ》の奉為《おんため》に金光明経一部、法華経両部、孔雀経一部、阿弥陀経一巻、般若心経二巻を写し奉り、兼ねて供具を荘《かざ》って三尊に奉奠《ほうてん》す。(傍線筆者)

要約するまでもないであろう。「先考妣」すなわち「亡き父母」のために、作善として『金光明経』一部、『法華経』両部、『孔雀経』一部、『阿弥陀経』一巻、『般若心経』二巻を書写したと

ある。この「先考妣」の「妣」は、題目が「先考」となっているから、衍字《えんじ》つまり誤りではないかとする註釈書もあるが、「先考妣」が正しいと考える。なぜなら、『法華経』両部・『般若心経』二巻と二部（巻）ずつ書写されており、一方、題目はお大師さまが付したものではないからである。

ちなみに、この願文は「星霜廻《めぐ》り薄《せま》って祥禫《しょうたん》忽ちに戻《いた》る」とあって、「祥禫」＝三回忌の法要のときのものであった。

### 3、天長六年（八二九）七月十八日「大夫三島助成の亡息女のための表白」

第三は、天長六年（八二九）七月、正五位上であった三島真人助成の亡き息女の一周忌を修したときの表白《ひょうびゃく》である。お大師さまは、この表白のなかで、追善の仏事とそれにともなう作善の意義を力説されておられることが目を引く。

いかなることかといえば、お大師さまは「最愛の肉親を亡くしても、哀《かな》しんでばかりいては駄目ですよ」といい、死者が本来あるべきところに帰るための作善、すなわち造仏・写仏・写経・経典の講讃・追善の仏事などを勧めておられるのである。言い換えると、亡きひとを得脱《とくだつ》せしめ、覚《さと》りの世界におくりこむには、作善の功徳、つまり経典の書写や講説をはじめ、曼荼羅や仏像の造立、追善の仏事などを執り行って功徳を積むことが肝心であり、それによって、遺《のこ》されたものたちも心の安泰を得ることができる、といわれる。

このことを端的にいっておられるのが、つぎの一節である。

朝夕《てうせき》に涙《なんだ》を流し、日夜に慟《いた》みを含むと雖《いへ》ども、亡魂《ばうこん》に益《えき》無し。是の故に亡児の斃霊《けいれい》を済《すく》はんが為に、謹んで金字の妙法蓮華経一部、般若心経一巻を写し奉《うつたてまつ》り、兼《か》ねて五十八の法侶を延《ひ》いて、妙経の奥義を講宣《かうせん》す。（傍線筆者）

これを要約してみよう。

朝に夕に涙をながし、日に夜をついで歎き悲しんでも、亡きひとの魂には、何の益もない。だから、亡き息女のさまよう魂を救うために、謹んで『妙法蓮華経』一部、『般若心経』一巻を金泥をもって書写し、あわせて五十八名の僧侶を招いて、これら勝れた経典の真髄を講讃した。

この表白には、亡き息女は、助成《すけなり》自慢の娘であり、溺愛していたことが書かれている。その娘を亡くし、憔悴しきっていた助成を元気づける意味で、先のように書かれたとみなすならば、ここにはお大師さまの深き慈しみの心を読みとることができよう。「金泥をもって書写した」も注目される。大師の文中には、ときおり目にする「金泥」である。おそらく、亡きひとを得脱《とくだつ》せしめる上で、より強力なパワーを期待してのことではなかったかと考える。

なお、正五位上であった三島助成は、天皇のおそば近くに仕えていた役人であった。正倉院の宝物を出納したときの文書に名前がみえる。弘仁二年（八一一）から同五年にかけては「内蔵助従五位下三島真人『助成』」とあり、同八年（八一七）五月には「大膳大夫従五位上三島真人『助成』」とある。「内蔵助《くらのすけ》」は内蔵寮《くらのりょう》のナンバー二、「大膳大夫《だいぜんのかみ》」は大膳職《だいぜんしき》のトップの地位であった。内蔵寮は、宮中用の財宝・金銀、その他諸国の貢献物や天皇・皇后の装束をおさめる倉庫をつかさどり、宮中御用物の調進をつとめた役所であった。大膳職は、宮廷用の諸国の調の雑物、食膳・食料のことをつかさどった役所であった。いずれも、天皇の日常生活に密接なかかわりを有した役所であり、その次官・長官を務めていた助成とお大師さまとの出逢いは、天皇を介してのことではなかったかと考える。

以上、『性霊集』所収の三つの願文・表白に、追善の仏事に際して、作善の一つとして書写された経典のなかに『般若心経』がみられたのであった。

## 二、お大師さまの文章にみられる『金剛般若経』

「六国史」には、社会不安をまねく事象、すなわち水害・日照り・地震・流行病などが出来したとき、般若経典の一つである『金剛般若経』の転読・講讃が行われた記録が少なからず見られた。そこで、『性霊集』中にみられる『金剛般若経』をみておきたい。同じく願文類を調べたところ、

4、弘仁四年（八一三）十月二十五日「中納言藤原葛野麻呂のための願文」（『定本全集』第八巻、一〇三頁）

5、天長四年（八二七）七月下旬「故左大臣藤原冬嗣のための願文」（『定本全集』第八巻、九九頁）

と二つ確認できた。いかなる場面にみられるか、一つ一つみておきたい。

### 4、弘仁四年（八一三）十月二十五日「中納言藤原葛野麻呂のための願文」

第四は、お大師さまが入唐したときの遣唐大使・藤原葛野麻呂が、嵐に遭った船中で、わが国の天神地祇に無事の航行を祈ったときの約束を、果たし終えたときの願文である。葛野麻呂が帰国して九年目、弘仁四年十月のことであった。早速、本文をあげてみよう。

①弟子、去《いん》じ延暦二十三年、天命を大唐に銜《ふく》んで遠く鯨海《けいかい》を渉る。風波天に沃《そそ》いで人力何ぞ計らん。自ら思はく、冥護に因《よ》らずんば寧《むし》ろ皇華《こうか》の節を遂《と》ぐることを得んや。

②即ち祈願すらく、一百八十七所の天神地祇等の奉為《おんため》に、金剛般若経、神毎《かみごと》に一巻を写し奉らんと。鐘谷《しょうこく》感応して使乎《しこ》の羨《ねがい》を果すことを得たり。

③寤寐《ごび》に思いを服《つ》けて食味《しょくあじわい》を甘《あま》んぜず。然りと雖も、公私擾擾《じょうじょう》として遅延し跼蹐《きょくせき》す。

④謹んで弘仁四年十月二十五日を以て奉写し供養す。竝《ならび》に以て転諷《てんぷう》すること巻毎《まきごと》に一遍。

（〇番号・傍線筆者）

これを要約しておく。

①仏弟子たる葛野麻呂、去る延暦二十三年（八〇四）、天皇の命をうけ、大唐に渉《わた》ろうと大海を航行していたとき、大暴風に遭い、人の力ではどうすることもできなくなった。そこで想った。神々の助けによらなければ、この遣唐大使の任務を全うすることはできないと。

②そこで、祈願した。わが国の天の神・地の神一百八十七所のために、神ごとに『金剛般若経』一巻を書写することを誓い、神の助けを祈ったところ、忽《たちま》ちに感応があり、遣唐使の使命を無事成し遂げることができた。

③帰国後は、寝ても醒《さ》めても、この神々への祈願のことが気がかりで、食事は少しも美味しくなかった。それなのに、公私ともにごたごたがあって延び延びとなり、怖れで心が休まることはなかった。

④やっとの想いで写経を終え、弘仁四年十月二十五日、供養の日を迎えることができた。一巻ごとに転読すること一遍であった。

ここに、船旅の無事をわが国の一八七柱の神々に祈ったと記す。ここで想起されるのが、帰国の途中、嵐に遭った船中で立てられたお大師さまの小願である。すなわち、弘仁七年（八一六）六月、布勢海に宛てた手紙に、空海、大唐より還《かえ》るとき数々《しばしば》漂蕩《ひょうとう》に遇《あ》いて、聊《いささ》か一の小願を発《おこ》す。帰朝の日、必ず諸天の威光を増益《ぞうやく》し、国界を擁護《ようご》し、衆生を利済せんがために一の禅院を建立し、法によって修行せん。願わくは、善神《ぜんじん》護念して早く本岸に達せしめよと。神明味《くら》からず、平かに本朝に帰る。

とあり（『定本全集』第七巻、九九～一〇〇頁）、お大師さまも航行の無事をわが国の神々に祈られたのであった。この小願は、帰朝後十一年、高野山の開創に結実するのであった。

ここでは、航海の安全を祈って『金剛般若経』が書写・供養されたことに留意しておきたい。

### 5、天長四年（八二七）七月下旬「故左大臣藤原冬嗣のための願文」

第五は、お大師さまの有力な檀越のひとりであった藤原冬嗣の三回忌の法要を、同母弟の良岑安世が修したときの願文である。本文をあげてみよう。

謹んで天長四年孟秋の季句を以て、先《さき》の左僕射《さぼくや》の大祥の奉為に、金字の金剛般若経一十二紙を写し奉る。之を延《ひ》くに龍象《りょうしょう》をもってし、之を衍《の》ぶるに湧泉《ゆうせん》をもってす。（傍線筆者）

要約すると、つぎのようになろう。

つつしんで天長四年七月下旬、故《もと》の左大臣藤原冬嗣の三周忌のために、金泥をもって『金剛般若経』十二紙を書写した。そうして、智徳の勝れた僧を招き、この経典を講演した。

ここでも、金泥の写経が行われており、金泥にいかなる意味があるのか、金泥に籠められた願い・意義とはなにか、といったことを、一度明らかにしておく必要があろう。金泥による写経は、嵯峨天皇や最澄にもみられるからである。

以上、『性霊集』には、二つの願文に『金剛般若経』を書写し、転読・講讃したとの文章をみることができた。

## おわりに

お大師さまと『般若心経』を語るとき、忘れてならないのは、大師の母と極めて近い出自ではなかったかと想われる阿都宿禰氏出身の善珠僧正の事績である。善珠は、延暦十六年（七九七）四月二十一日に示寂しており、大師にとって、過去の人ではなかった。また、奈良時代を代表する学僧とばかり考えていたけれども、そうではなかった。桓武天皇から僧綱のトップである僧正に直任された理由が、皇太子安殿《あで》親王の病悩を「般若の験」によって快癒させていたからである。つまり、善珠も験者であった。

ここで注目したいのが「般若の験《げん》」である。「善珠卒伝」は

皇太子、病悩の間、般若の験を施し、仍《よ》りて抽賞《ちゅうしょう》せらる。（傍線筆者）

といい（『扶桑略記抄』二〈『国史大系』第十二巻、一一二頁〉）、『七大寺年表』延暦元年（七八二）の条は、

伝に云はく。皇太子不予、井上の霊□□に依るなり。般若経を講ずるに、御悩忽《たちま》ちに癒《い》ゆ。仍《よ》って直に僧正に任ぜらる、と云云。（傍線筆者）

と記す（『仏教全書』一一一、四〇頁）。

ここにいう「皇太子」とは、延暦四年十一月丁巳（二十五）日、早良親王のあとをうけて皇太子に任ぜられた安殿《あで》親王、のちの平城天皇であった。「善珠卒伝」は、安殿親王が善珠僧正の像をえがかせて秋篠寺に安置したと記す。

皇太子の「病悩」とは、「井上の霊□□」つまり光仁天皇の皇后・井上内親王《いのえないしんのう》の怨霊であろう。「般若の験」とは、『般若経』を講じたことによる霊験であろうが、何か呪術的なことを行ったかどうかの詳細は不明である。

この「般若の験」に示唆を与えてくれるのが、善珠の弟子であった常楼《じょうろう》の「卒伝」である（『日本後紀』弘仁五年〈八一四〉十月二十二日の条〈『国史大系』第三巻、一二八頁〉）。「常楼卒伝」には、

尋《つ》いで弘誓願《ぐせいがん》を発して、四十年の間、法華経一十二万四千九百六十巻を転読し、兼ねて復《また》毎日般若心経一百巻・無染著《むせんちゃく》陀羅尼一百八遍を誦す。縦《たと》い造次《ぞうじ》に在りても、日科《にっか》を虧《か》くこと無し。上《かみ》恩愛に酬《むく》いて、下生霊《しもしょうりょう》を済う。（傍線筆者）

とある。これより、常楼は、二十歳で具足戒をうけてから弘仁五年（八一四）十月に示寂するま

での四十年あまり、上《かみ》は恩愛に酬《むく》いんがために、下《しも》は生霊を済《すく》わんがために、般若心経百巻・無染著陀羅尼百八遍を誦ずることを日課としていたことが知られる。この日課は、あるいは師善珠の影響によるものではなかったかと考える。特に、「下生霊《しもしょうりょう》を済う」と「般若心経百巻」は、先の「般若の験」を解く鍵となろう。

つまり、『般若心経』、特に呪明・陀羅尼が怨霊退散に力のある経典として認識されていたことを物語るもの、とみなしておきたい。

## 第四 『般若心経秘鍵』の構成

### はじめに

『般若心経秘鍵』は、お大師さまが密教眼をもって『般若心経』を解釈し、密教経典であると喝破された極めて独創性にみちた著作である。内容を理解する助けになることを慮って、その全体の構成を記しておきたい。

『秘鍵』は、古来、序分《じょぶん》、正宗分《しょうしゅうぶん》、流通分《るづうぶん》の三つの部分から成っているとみなされてきた。本書では、栂尾祥雲『現代語の『般若心経秘鍵』』の科分を参照させていただき、見出しを付して現代語訳を提示した。その見出しにしたがって、全体の構成を一瞥しておきたい。

## 一、序分

序分は、本論にあたる正宗分に入るまえに、著作の動機・目的やその著作の全体像の概略をのべたものである。『秘鍵』の序分には大きな三つの柱が読みとれる。「祈請の偈頌」と「仏法の大綱」と「『般若心経』の大意」の三つである。

### 1、祈請の偈頌

『秘鍵』は、二つの「祈請の偈頌」で始まる。「帰敬序」と「発起序」である。「帰敬序」は、「般若経」を代表する文殊菩薩と般若菩薩を讃え、帰依する詩（偈頌）である。特に、一字の真言を示し、「この一字の真言は、あらゆる経典の教えをすべて含め蔵《おさ》めているので陀羅尼（＝総持）ともいう」と、密教を象徴することばが目をひく。「発起序」は、はてしなく続く生死輪廻の苦しみを断ちきる教えが般若と文殊のさとりの世界であり、このさとりの世界を讃歎し講述したいので、般若と文殊両菩薩はあたたかく見守ってほしい、と助力を願う詩である。

### 2、仏法の大綱

つぎは、「夫れ仏法遥かにあらず」ではじまる「仏法の大綱」である。まず、密教の世界観というか、われわれはいかなる存在かが説かれる。すなわち、仏の教えもさとりも私を離れては存在しない。さとりも迷いも、わが心のはたらきであり、私の心を離れては存在しない。だから、さとりを求める心（菩提心）を起こしさえすれば、ただちにさとりの境界にいたることができる。なぜなら、われわれは、生まれながらに密教の根本仏である大日如来と同じものを具え持つ存在であるから。そのことに気づかない、生死輪廻をくりかえすものは、何と哀れなことか、痛ましいことか。この苦しみの世界から脱出するには、仏の教えによらなければ叶わない。その仏は、すべての生きとし生けるもの（衆生）を心やすらかな世界に送りとどけるため、それぞれが生まれながらに具え持つ宗教的な能力（機根）に応じた教えを用意してくださっている。その一つが密教であり、いま一つが顕教の人・天・声聞・縁覚・菩薩五乗の教えである。ただし、顕教は真実の教えではなく、仮りの方便・てだての教えであって、密教にははるかに及ばないという。ここでのメッセージは、生まれながらに大日如来と同じ素晴らしいものを具え持つわが身であることに早く気づきなさい、であろう。

## 3、『般若心経』の大意

ついで、「『般若心経』の大意」が説かれ、お大師さまの『般若心経』観がコンパクトに示される。大きくは「大意序」「撰述の目的」「疑義の問答」の三つの部分からなる。

ア、大意序

「大意序」は、さらに三つ、すなわち①「心経の大綱」、②「句句の深妙」、③「利益の殊勝」に分かれる。このうち、①「心経の大綱」は、お大師さまの『般若心経』観の総論であり、大師の『心経』観はここに尽きるといっても過言でない。すなわち、要点は三つ。

ア、『大般若波羅蜜多心経』とは、大般若菩薩のさとりの境界（三摩地の法門）を掲諦（ギャテイ）掲諦（ギャテイ）の真言に象徴される大心真言でもって説き示した教えである。

イ、『般若心経』は、一紙、十四行に収まる極めて短い経典であり、文章は簡潔であるが、内容は極めて深遠である。

ウ、この経の一句一句には、経・律・論・般若・陀羅尼の五蔵に説かれる般若の智慧が余すところなく含まれ、一行一行には七宗の行果、すなわち華厳・三論・法相・声聞・縁覚・天台の顕教と真言密教との七宗の修行とさとりの境界が説かれている、と。

②「句句の深妙」は、『般若心経』の各論であり、一句一句の密教的解釈の骨格が示される。一句ずつあげておく。「観自在菩薩」と「菩提薩埵」とは、華厳・三論・法相・声聞・縁覚・天台・真言七宗の仏道修行者をあげたものである。

「度一切苦厄」と「究竟涅槃」とは、もろもろの教法《おしえ》によって得られる究極の安楽＝さとりの境界を示したものである。

「五蘊」とは、空間的に色・受・想・行・識の五つの蘊《あつまり》からなる衆生の迷いの境界を示したものである。

「三世諸仏」とは、時間的に過去・現在・未来の三世にわたる仏のさとりの境界を示したものである。

「色不異空、空不異色」等とは、普賢《ふげん》菩薩のさとりの境界、華厳宗の教えにあたる。

「不生不滅、不垢不浄、不増不減」とは、文殊菩薩のさとりの境界、三論宗の教えにあたる。

「是故空中無色、無受想行識」から「乃至無意識界」とは、弥勒菩薩のさとりの境界、法相宗の教えにあたる。

「無智亦無得、以無所得故」とは、観自在菩薩のさとりの境界、天台宗の教えにあたる。

「無無明亦無無明尽、乃至無老死亦無老死尽」とは、十二因縁観を説いたもので、縁覚乗の教えにあたる。

「無苦集滅道」とは、四つの真理、苦・集・滅・道の四諦を説いたもので、声聞乗の教えにあたる。

般若菩薩の大心真言「掲諦（ギャテイ）掲諦（ギャテイ）波羅掲諦（ハラギャテイ）波羅僧掲諦（ハラソウギャテイ）」のなかの掲諦（ギャテイ）の二字には、大乗小乗・顕教密教すべての教えによる修行の成果＝さとりが詰まっている。

波羅（ハラ）と波羅僧（ハラソウ）との二つの語には、顕教と密教の一切の教えの奥深い意義がこめられている。

③「利益の殊勝」は、『般若心経』を読誦し受持し講説し供養したときの功徳と、『般若心経』にもとづいて修習しよく思惟したときの功徳を説く。前者では、ただちに一切の苦しみを抜き去り安楽を与えることができる。後者では、さとりを得、あらゆる神通力を発揮することができる、という。

イ、撰述の目的

つぎは「撰述の目的」である。すでに多くの学者が『般若心経』を註釈しているが、いずれも『心経』の幽玄な意趣を十分に解き明かしていない。だから、本書では少しばかり幽玄な意趣をとりまとめ、本文を五つに分け、独自の解釈をすることにしたといい、若い弟子たちを教導するために撰述したのであるという。

ウ、疑義の問答

ついで、「疑義の問答」はこれまでの論述に対する疑義とその答えである。疑義は二つ。第一の疑義は、「あなたは、『心経』の一字一句には、五蔵に説かれる般若の智慧と、華厳など七宗の修行とさとりの境界が、すべて包含されているという。しかるに、『心経』はただ空の一端を説いたものであり、『解深密経《げじんみっきょう》』に説く三時教判によれば、いまだ義を十分に説き尽くしていない第二時・未了《みりょう》義経《ぎきょう》であるという。なぜ未了義経の『心経』が、道理を完全に説き尽くした第三時・顕了《けんりょう》経《きょう》を包含することができるか」と。その答え。「『心経』は般若菩薩のさとりの境界を説く密教経典であるから、『心経』のたった一字のなかに人・天・声聞・縁覚・菩薩五乗の教えを含み、一念の一瞬間に経・律・論三蔵のすべての教え(法)が説き明かされる。ましてや経典の一巻または一章では、この比ではない」と。

第二の疑義。「もし、『心経』がそれほど深い意味をもった経典であれば、なぜ、古来の著名な註釈者たちはそのことを説き示さなかったのか」と。その答え。「仏菩薩たちが教法を説くとき、聞き手の宗教的な素質・能力(機根)にしたがって、その人に相応しい教えを説く。また、賢者(高僧)が教えを説くか説かないかは、説くべき時機であるかを待ち、理解できる人との出逢いを待つからである」と。

## 二、正宗分

正宗分とは、『秘鍵』の中心をなす本論である。

『秘鍵』の正宗分は、大きな四つの柱からなる。「心経の題釈」「心経の要旨」「心経の五分科」「問答決疑分」の四つである。

## 1、心経の題釈

本論の最初は「心経の題釈」。『般若心経』の題名についての解釈を記す。要点は三つ。一つ目。『般若心経』の正式の題名『仏説摩訶般若波羅蜜多心経』は、インドのサンスクリット語（梵語）と漢語からなっており、「説」「心」「経」の三字は漢語であり、残りの九字「仏」「摩訶般若波羅蜜多」は梵語であるとする。

二つ目は、題名を梵語だけで表記し、それぞれの単語の意味を記す。梵語の題名は「ボダハシャ（仏陀婆娑）、マカハラジャハラミタ（摩訶般若波羅蜜多）、カリダ（干栗多）、ソタラン（素怛覧）」という。はじめの二字𑖤𑖲𑖟𑖿𑖠《ボダ》（仏陀）は「円満覚者＝二利を円満せられた覚者たる仏陀（仏）」。つぎの二字𑖥𑖯𑖬《ハシャ》（婆娑）は「説けるもの（説）」。つぎの二字𑖦𑖮𑖯《マカ》（摩訶）は「大多勝＝大いなるもの、多くのもの、勝れたるもの（大）」。つぎの二字𑖢𑖿𑖨𑖕𑖿𑖗𑖯《ハンニャ》（般若）は「定恵＝般若菩薩の禅定によって得られた真実の智慧」。つぎの三字𑖢𑖯𑖨𑖦𑖰𑖝𑖯《ハラミタ》（波羅蜜多）は「所作已弁＝成すべき修行をすべて完成して、涅槃の岸に到達する」。つぎの二字𑖮𑖴𑖟《カリダ》（干栗多）は「処中＝心の中にあるもの・ものごとの中心・心髄（心）」。つぎの二字𑖭𑖳𑖝𑖿𑖨𑖽《ソタラン》（素怛覧）は「貫線摂事＝あらゆる妙義を貫いてまとめもつ（摂持）もの（経）」となる。

三つ目は、伝統的な経題の解釈法をあてはめると、「人・法・喩」の解釈法にあたるという。この経題は「大般若波羅蜜多菩薩」の名前を示すとみなされるから「人」、経題の一つ一つの文字は大般若菩薩のさとり（内証）を表わす法曼荼羅であるから「法」、この経題の一つ一つの名字は真実のさとりそのもの（法性）の深い意味を表わしているから「喩」であり、この経題は「人」「法」「喩」の三つを具えており、密教の奥深い意味を示すものとなっているとする。

## 2、心経の要旨

つぎは「心経の要旨」であり、①「心経の説聴」、②「漢訳の種類」、③「心経の顕密」の三つに分かれる。

①「心経の説聴」では、この大般若菩薩の大心三摩地の法門は、仏陀が霊鷲山において、舎利《しゃり》弗《ほっ》たちのために説かれたものという。

②「漢訳の種類」では、漢訳された六種類の『般若心経』を紹介する。第一は羅什訳。本書ではこの訳本を使用したという。第二は玄奘訳。羅什訳との違いは三つ、経題に「仏説摩訶」の四字がなく、「五蘊」の下に「等」の字があり、「遠離」の下の「一切」がない。また「掲諦（ギャテイ）掲諦（ギャテイ）」の陀羅尼の後に功徳を説く功能《くのう》の文はない。第三は義浄訳。経題に「摩訶」の字がなく、「掲諦（ギャテイ）掲諦（ギャテイ）」の陀羅尼のあとに功能の文がある。第四が法月訳。第五が般若訳。この二つには序分と流通分がある。第六は『陀羅尼集経』第三巻の本。経題は羅什訳と同じであり、真言の秘法を記すという。

③「心経の顕密」では、『般若心経』は顕教の経典か、密教の経典かを論じる。まず、密教経典とみなす論拠をあげる。この経の題目『般若心経』にみられる「般若心」とは、「掲諦（ギャテイ）掲諦（ギャテイ）……」の真言（陀羅尼）が大心真言であり、この大心真言によって、「般若心」と名づけられたのである。だから、『般若心経』は密教経典に属する、と。ついで、顕教経典とみなす説をあげる。『般若心経』は、『大般若経』の肝心要を略出したものであるから、「般若心」と名づけたのであり、独立の経典として別の会場で説かれたものではない。だから、『般若心経』は顕教の経典である、と。これに対する反論。それは皮相の見解に過ぎない。あたかも巨大な龍に蛇に似た鱗《うろこ》があるからといって、その龍を蛇だとはいえない。これと同じで、『般若心経』に『大般若経』に似た文章があったとしても、ただちに顕教の経典だとはいえない。『般若心経』は、大般若菩薩の大心真言の三摩地の法門（さとりの境界）を説いた経典であるから、明らかに密教の経典であるという。

**3、心経の五分科**

つぎは「心経の五分科」。いよいよ『般若心経』本文の解釈である。「掲諦（ギャテイ）掲諦（ギャテイ）」の真言だけではなく、『心経』全体からも密教経典の要素を見いだすことができるといい、本文を五段落に分かって詳説する。

この項目の冒頭では、『般若心経』本文のどの文章が五つの段落に相当するかを示すだけで、一つ一つの段落がいかなる意味内容を有するかについては、全くふれない。ともあれ、五つ段落の名称と相当する本文をあげておく。

①人法総通分《にんぼうそうつうぶん》……経文の「観自在」から「度一切苦厄」まで
②分別諸乗分《ふんべつしょじょうぶん》……経文の「色不異空」から「無所得故」まで
③行人得益分《ぎょうにんとくやくぶん》……経文の「菩提薩埵」から「三藐三菩提」まで
④総帰持明分《そうきじみょうぶん》……経文の「故知般若」から「真実不虚」まで
⑤秘蔵真言分《ひぞうしんごんぶん》……経文の「掲諦掲諦」から「薩婆訶」まで

この五段落に分けることは、まったく空海の独創であって、わが国はもとより中国においても、いまだかつてその例をみない特異な解釈である。しかも、これによって、『般若心経』の全文が経末の秘蔵真言「掲諦（ギャテイ）掲諦（ギャテイ）」に帰結することを明らかにし、大・小乗、顕・密二教の一切の教えとさとりの境界が、この短い経文のなかに展開されていることを示されたのであった。

＊玄奘訳『般若心経』の本文を五分に配当した表を、本書四四～四五頁に収載している。参照ください。

①人法総通分

第一の人法総通分とは、般若の法とその法を修行する人とを総合的に説く段落である。『般若心経』の本文では、「観自在菩薩、深般若波羅蜜多を行ずる時、五蘊皆空なりと照見して、一切の苦厄を度す」に相当する。

大師は、ここには五つのことが説かれているとみなす。すなわち、

因……観自在菩薩が本覚（生まれながらにさとりを具えている）を有していること＝発心

行……観自在菩薩が深般若を行ずること＝修行

証……修行の結果、空を照見しさとりを得ること＝菩提

入……一切の苦厄を脱却して涅槃に入ること＝涅槃

時……行者がさとりを得るまでにかかる時間

である。この因・行・証・入は、行者が修行を積むことにより菩提心が清められ、さとりにいたる階梯を四段階に分けたもので、発心・修行・菩提・涅槃にあたり、そのさとりを得るまでの時間が「時」であるという。最後を偈頌でもって結ぶ。

②分別諸乗分

第二の分別諸乗分とは、般若の法は華厳、三論、法相、声聞・縁覚、天台の六つの教えに分か

れ、これら顕教に属する六つの教え（乗）の要点を説く段落である。大師は、華厳、三論、法相、声聞・縁覚、天台の六つの教えを、建・絶・相・二・一と表記する。この五つは、つぎのように整理できる。

建……建立如来の三摩地門、すなわち普賢菩薩のさとりの境界を表わす華厳宗の教え。

絶……無戯論如来の三摩地門、すなわち文殊菩薩のさとりの境界を表わす三論宗の教え。

相……弥勒菩薩の三摩地門を表わす法相宗の教え。

二……唯蘊無我心と抜業因種心の法門を表わす声聞・縁覚二乗の教え。

一……得自性清浄如来の三摩地門、すなわち聖観自在菩薩のさとりの境界を表わす天台宗の教え。

再説の形になるけれども、『秘鍵』本文にしたがって、いま一度、建・絶・相・二・一をみておきたい。

ア、普賢のさとり

初めの「建」とは、建立如来の三摩地門、すなわち普賢菩薩のさとりの境界を説いたもので、華厳宗の教えがこれにあたる。『般若心経』の本文では、「舎利子よ、色は空に異ならず、空は色に異ならず、色は即ち是れ空なり、空は即ち是れ色なり、受と想と行と識とも亦復《またまたかく》是の如し」に相当する。ここにいう「建立如来」とは、普賢菩薩の密教の世界での呼び名＝秘号である。

イ、文殊のさとり

第二の「絶」とは、無戯論如来の三摩地門、すなわち文殊菩薩のさとりの境界を説いたもので、三論宗の教えがこれにあたる。『般若心経』の本文では、「舎利子よ、是の諸法は空の相なり。不生にして不滅、不垢にして不浄、不増にして不減なり」に相当する。ここにいう「無戯論如来」とは、文殊菩薩の密教の世界での呼び名＝密号である。

ウ、弥勒のさとり

第三の「相」とは、摩《マ》訶《カ》梅《バイ》多《タ》羅《ラ》冒《ボウ》地《ヂ》薩《サ》怛《ト》嚩《バ》の三摩地門、すなわち弥勒菩薩のさとりの境界を説いたもので、法相宗の教えがこれにあたる。『般若心経』の本文では、「是の故に、空の中には色も無く、受・想・行・識も無く、眼・耳・鼻・舌・身・意も無く、色・声・香・味・触・法も無く、眼界も無く、乃至、意識界も無し」に相当する。

エ、声聞・縁覚のさとり

第四の「二」とは、唯蘊無我心と抜業因種心のさとりの境界を表わす声聞・縁覚二乗の教えがこれにあたる。このなか、縁覚のさとりは、『般若心経』の本文では「無明も無く、亦《また》無明の尽くることも無く、乃至、老死も無く、亦《また》老死の尽くることも無い」に相当し、十二因縁を観じてさとる縁覚乗のさとりの境界を表わしたものである。

声聞のさとりは、『般若心経』の本文では「無苦集滅道」に相当し、この一句五字は、仏の説法を聞いてさとる声聞乗のさとりの境界を表わしたものである。

オ、観自在のさとり

第五の「一」とは、得自性清浄如来の三摩地門、すなわち聖観自在菩薩のさとりの境界を説いたもので、天台宗の教えがこれにあたる。『般若心経』の本文では、「智も無く、亦《また》得も無し、所得無きを以ての故なり」に相当する。ここにいう「得自性清浄如来」とは、聖観自在菩薩の密教の世界での呼び名である。

これら建・絶・相・二・一には、『心経』本文の当該箇所が、なぜそれぞれが華厳などのさとりの境界に相当するのかが説明されているが、ここでは割愛した。現代語訳を見ていただきたい。また、それぞれのさとりの境界の要点が、最後に偈頌にまとめられている。これも割愛した。この偈頌には、印象深いことばが少なくない。ぜひ、一つ一つにあたっていただきたい。参考までに、第五の「一」で記される偈頌をあげてみよう。

蓮《はちす》を観じて自浄《じじょう》を知り、菓《このみ》を見て心徳を覚る。

〔訳〕泥中にあって清らかで美しい花を咲かせる蓮の花を観《み》て、わが心は生まれながらに（本性）清浄であることを知り、根・茎・葉・花となる要素を宿している一つの蓮の実を見て、わが心には素晴らしい徳がすでに具わっていることをさとるのである。

### ③行人得益分

第三の行人得益分とは、般若の法を修行する人が利益を得てさとりにいたることを説く段落で、二つに分かれる。すなわち修行する「人」と行ずる対象である「法」とである。この「人」とは、菩提（さとり）を求める人、すなわち修行者のことで、『般若心経』本文では「菩提薩埵」がこれにあたる。その人は七種類、先の段落で説いた華厳（建）・三論（絶）・法相（相）・声聞と縁覚の二乗（二）・天台（一）の六宗の行人と、後に説く真言の行人との七行人である。なぜ七種に分かれるか、教えの違いによって修行する人＝薩埵が異なるからであるといい、薩埵はまた四種に分かれる。愚かなる六道の凡夫（愚童薩埵）と識あるもの（声聞・縁覚の有識薩埵）と智あるもの（四家大乗の智薩埵）と真言行人（金剛薩埵）との四種である。

つぎに、これら行人の修する法にも四つある。因（さとりを求める出発点）と行（さとりを求める修行）と証（さとりの成果）と入（涅槃に入る）との四つである。『般若心経』本文では「般若波羅蜜多に依るが故に」が「因」と「行」にあたり、「心に罣礙なし、罣礙なきが故に恐怖あることなし。一切の顚倒夢想を遠離して涅槃を究竟す」が「入」にあたり、「三世の諸仏も般若波羅蜜多に依るがゆえに、阿耨多羅三藐三菩提を得たまえり」が三世の諸仏が般若波羅蜜多の法によって無上正等正覚を証《さと》ったので「証」にあたる、という。最後を偈頌で結ぶ。

④総帰持明分

第四の総帰持明分は、これまで説いてきたすべての教えは、最終的には第五分の真言に帰一することを説く段落であり、三つに分かれる。三つとは、名《みょう》（名称）と体《たい》（本質）と用《ゆう》（効能・はたらき）とである。『般若心経』の本文では、「故に知る、般若波羅蜜多は是れ大神呪なり、是れ大明呪なり、是れ無上呪なり、是れ無等等呪なり。能く一切の苦を除く。真実にして虚しからず」に相当する。このうち、「是れ大神呪なり、是れ大明呪なり、是れ無上呪なり、是れ無等等呪なり」の四つは呪明の名称（名）であり、「真実にして虚しからず」は呪明の本質（体）を指し、「能く一切の苦を除く」は呪明の効能・はたらき（用）を顕《あら》わしたものである。

四つの呪明のうち、始めの「大神呪」は声聞の真言、第二の「大明呪」は縁覚の真言、第三の「無上呪」は大乗の真言、第四の「無等等呪」は秘密蔵の真言である。ただし、一つ一つの真言はみな四つの呪明の名を具えていると知りなさい。そうして、最後を偈頌で結ぶ。

⑤秘蔵真言分

第五の秘蔵真言分は、正しく般若菩薩の秘蔵の真言・大心真言を説き、この真言が『般若心経』の肝心要であると説く段落である。『般若心経』の本文では、「故に般若波羅蜜多の呪を説く。

即ち呪を説いて曰く、掲諦、掲諦、波羅掲諦、波羅僧掲諦、菩提、薩婆訶」に相当する。この大心真言を五つに分け、諸乗のさとりの境界（行果）とみなす。初めの掲諦（ギャテイ）は、声聞乗のさとりの境界を顕《あら》わし、第二の掲諦（ギャテイ）は、縁覚乗のさとりの境界をあげ、第三の波羅掲諦（ハラギャテイ）は、もろもろの大乗の最勝なるさとりの境界を指し、第四の波羅僧掲諦（ハラソウギャテイ）は、一点の欠けたところもない円に喩えられる曼荼羅の教え、すなわち真言乗のさとりの境界を明かし、第五の菩提薩婆訶（ボウヂソワカ）は、以上に述べたすべての教えのさとり（菩提）を究め尽くし、そのさとりに入ること（証入）を説いたものである。もし、この大心真言の一つ一つの句の字相（文字の表面的な意味）と字義（文字に秘められた奥深い意味）を説くとすれば、無限に近い時間をかけても、すべてを説き尽くすことはできない。もし、この奥深い真実の意味を知りたければ、真言密教の学と行を修めた上で、明師について、その源底を問い究めなさい。

さいごは偈頌でまとめる。

真言は不思議なり　観誦すれば無明を除く
一字に千理を含み　即身に法如を証す
行行として円寂に至り　去去として原初に入る
三界は客舎の如し　一心は是れ本居なり

〔訳〕

（前半は「まえがき」にあげた〈九四頁〉。ここには後半の四句の現代語訳をあげておく）

（はじめの二つの掲諦は）さとりに向かって行き行きて、心やすらかな寂静なる涅槃の世界にいたり、

（あとの二つの掲諦は）迷いの世界から一歩一歩去り去りて、心の源底に立ち帰り、仏と同じもの（仏心）をもつ存在である自らの価値にめざめるのである。

生死輪廻を繰り返す欲界・色界・無色界の三つの世界は、あたかも旅の宿のようであり、われわれが本来住むべきところは、生まれながらに具え持つ浄菩提心たるわが心である。

## 4、問答決疑分

ア、真言の説不

本論のさいごは「問答決疑分」である。これまで述べてきたことに対する疑義を二つあげる。

第一の疑義は、真言陀羅尼を説いてよいか否か、の問題である。質問して「真言陀羅尼は、これ大日如来のさとりの境界をありのままに説き示した如来の秘密のことば（語）である。だから、いにしえの三蔵やもろもろの註釈家たちは、口を閉ざして語っていない。しかるにいま、『秘鍵』では陀羅尼を解釈している。如来のみこころ（聖旨）に背くのではないか」という。

答えはつぎのとおり。大日如来の説かれた教えは二種類、顕わな教え（顕教）と秘密の教え（密教）である。このなか、顕教とは、顕わで易しい教えだけしか理解できない能力の人のために、多くの字句をもって一つの意味を表わすような表現形式でもって説かれた教えである。密教とは、深秘で奥深いことをも理解できる勝れた能力の人のために、一字に無量の意味を含む総持、すなわち真言陀羅尼をもって説かれた教えである。密教の教主である大日如来はもちろん、龍猛・善無畏・不空三蔵などの密教の祖師たちも真言陀羅尼の奥深い教えを説いている。真言陀羅尼を説くか説かないかは、その真意を正しく理解できるかどうか、受けとる人の能力いかんによる。深秘の奥深い教えを説くか説かないか、いずれにしろ、仏のみこころに契《かな》っている、と。

イ、顕教と密教

第二の疑義は、「顕教と密教は、その趣旨ははるかにかけ離れている。顕教の経典とみなされる『般若心経』のなかに、真言の奥深い教えを説くとみなすのはおかしいのではないか」と。

答えはつぎのとおり。顕教と密教の違いは、それを識別できる能力を持つか持たないかによって決まるのであって、経文そのものに顕密の違いがあるのではない。たとえば、医学・薬学の知識に長けた者の眼には、見るものすべてが薬となり、宝石を鑑別する知識を持った人には、掘り出されただけの原石を見て、ただちに宝石か否かを識別できるのである。密教経典とみなす・みなさないは、見極める能力を持つか否かによるのである。この『般若心経』がもともと密教経典であることは、般若菩薩の真言や修行の儀式・法則や観法などを、大日如来が『金剛頂経』に説いている。また、応化身たる釈迦如来も、この般若菩薩の画像・作壇法・真言・手印など密教の修法を『陀羅尼集経』第三巻に説かれているのである。

## 三、流通分

流通分とは、経典を解釈する終わりに、仏法が伝わり弘まることを祈念する一節である。大師は、八句の偈頌をもって、この『秘鍵』を締めくくられた。

『般若心経』は密教経典であるとの立場から、秘密真言の深い趣旨をもって五段落に分け、簡略ではあるが、讃歎し解釈した。『般若心経』の一一の文字・一一の文章は、ことごとく般若菩薩の法曼荼羅であって、この宇宙に遍満しており、しかも始めも終わりも無くして、私の一心そのものでもある。

心の眼にかげりがあるものは、この『般若心経』の奥深い教えに気づかないで、生死輪廻の世界に苦しんでいる。『般若心経』の奥深い教えをさとり、煩悩にまとわれた苦しみから解放されるには、文殊菩薩の智慧と般若菩薩の禅定によらなければならない。

わたくしはいま、『般若心経』の甚深の教えを解説し、迷い苦しむものたちに甘露の法雨をふりそそぎ恩恵をあたえようとしている。これによって、内には無明《おろかさ》の絆《きずな》を断ちきり、外には煩悩の魔軍を砕き破って、自他ともに同じく、さとりの境界に安住したい、と。

## あとがき

以上、要領を得ないけれども、『般若心経秘鍵』の全体像を考えるときお役に立つことができれば、嬉しく想う。

解説のさいごに、『般若心経秘鍵』の撰述年代について、一言申しておきたい。『秘鍵』がいつ撰述されたかは、いまだ結論をみるにいたっていない。とはいえ、今日の学問的な趨勢は、弘仁の末（八二三）から天長五・六年（八二八・八二九）ころまでに絞られてきているように想われる。そのことの傍証となりうると考えるのが、「夫れ仏法遥かにあらず」と同じ趣旨の文章である。この「夫れ仏法遥かにあらず」と同じ趣旨の文章は、『性霊集』に二ヶ所みられる。すなわち、

・天長元年（八二四）三月二日付の「平城の東大寺において三宝を供養する願文」（『定本全集』第八巻、一一七頁）

・天長四年（八二七）九月の「天長皇帝、故中務卿親王のために法華経を講ずる願文」（『定本全集』第八巻、九四頁）

である。具体的にみてみよう。

1、天長元年（八二四）三月二日付の「平城の東大寺において三宝を供養する願文」

一つは、天長元年三月、東大寺において、仏・法・僧の三宝を供養したときの願文である。ここに引用したのは、大師の願文の特徴である四段形式のうち、第一段落にみられる文章である。その第一段落では、仏の教え、特に密教の教えの勝れていること、および大日如来などの諸仏・諸尊の境界とその徳を述べ、それへの帰依が説かれる。本文をあげよう。

法身何《いず》くにか在る。遠からずして即ち身なり。智体云何ん。我が心にして甚だ近し。

要約すると、つぎのようになろう。

大悲胎蔵の理法身たる大日如来は、いずれにおられるのか。これ遠くにあるのではない。わが一身におわすのである。金剛界の智法身たる大日如来は、いかがであろう。これわが一心におわすのであって、極めて近いのである。

すなわち、大日如来は、わが身心をはなれた遠くにおられるのではなく、私の中におられる。私は大日如来とかかわりない存在である、といえよう。

2、天長四年（八二七）九月の「天長皇帝、故中務卿親王のために法華経を講ずる願文」

二つ目は、天長四年九月、地震が頻発するなかで、淳和天皇が故伊予親王の霊を慰撫するために、わが国を代表する僧たちを屈請して法華八講を執り行ったときの願文である。同じく第一段落で、密教の教えの素晴らしさを説くところに、つぎのようにみられる。

遠くして遠からざるは即ち我が心《こころ》なり。絶《た》えて絶えざるは是れ吾が性《しょう》なり。水清《す》むときは則ち到らずして到り、鏡瑩《かがみみが》くときは則ち得ずして得《う》。鐘谷《しょうこく》の応《おう》、奚《な》んぞ其れ遅きや。

要約してみよう。

さとり・真如は遠くにあるように想うかも知れないが、決して遠くにあるのではない。わが心にあるのである。仏性は、わが心性とは遠く離れてあるように想うけれども、そうではない。わが心性そのものが、即仏性である。このように、仏法はわが心中にあるので、心水を清浄にすれば、直ちに法身仏の境地に到ることができる。また、仏法はわが一心にあるのであるから、わが心の鏡を瑩《みが》き曇りなきものにすれば、直ちに法身仏の智慧を体得することができる。その速やかなることは、鐘声・山びこなど比べものにならない、瞬時である。

この一文は、『秘鍵』の「真如外《ほか》に非ず、身を棄《す》てて何《いずくん》か求めん」に極めて近い内容を有するといえよう。

この二つの文章は、ことばの言い回しは異なるけれども、そのいわんとするところは「夫れ仏法遥かにあらず」の一節と同じ内容であるといってよい。天長元年と同四年の願文と、一つだけでなく、ほぼ同じ時期の二つの願文に同じ趣旨の文章がみられたことは、何かを示唆してくれているように想えてならないのである。

『般若心経秘鍵』の撰述年代を考えるときの参考にしていただければ、幸いである。

# 『般若心経秘鍵』聖語エッセイ——あなたへの問いかけ——

渋谷良範

## 第一話　仏の智慧《ちえ》

『文殊の利剣は諸戯《しょけ》を絶つ』

「文殊菩薩は手に利剣をお持ちになって、われわれの心に潜む煩悩を断ち切られる。」

「三人寄れば文殊の知恵」ということわざはよくご存じですね。

ただ、ことわざにある「知恵」と文殊菩薩の「智慧」とは本質的な違いがあります。

「知恵」とは「知恵を出せ、頭を使え」と私たちが日常よく口にするもので、いわば「世間一般の知恵」です。一方、文殊菩薩の「智慧」は苦しみや迷いを根本から取り除くはたらきがある「仏の知恵」です。

こういう喩えがわかりやすいでしょうか。病気になったとき、治療するには薬が必要ですよね。ところが、薬は諸刃の剣で、悪い細胞に作用しますが、正常な細胞を損なう危険性もあります。

ある意味、薬は対症療法といえます。やはり根本治癒には本来自身が持っている自然治癒力の回復や自己免疫力の増強も大切になってきます。

薬が知恵であるとすると、自然治癒力や自己免疫力は智慧といえるかもしれません。

だからといって、智慧が素晴らしくて、知恵はつまらないと言っているのではありません。知恵は否定されるべきものではなくて、智慧に包含されるものです。つまり、本来私たちが有しているのは、仏の智慧だけです。

『文殊の利剣は諸戯を絶つ』とお大師様がおっしゃった真意はこうです。

自分という存在は、時には苦しみや迷いを生む根本原因になるけれども、いたずらに自分のこころを追いつめたり、身体を傷みつけるのではなくて、不十分な自己であっても愛おしい存在として心の底から喜べる気持ち、それが仏の智慧そのものなのです。

その智慧が諸戯（空虚な考え）をうち切ることができるのです。

## 第二話　生とは何か　死とは何か

『無辺の生死何《いか》んがよく断つ』

「かぎりなく続く生死輪廻の苦しみ、いかにすれば脱することができるのであろうか。」

「生」「死」は人生において根源的なテーマにもかかわらず、私たちは日常生活の中ではあまり深く考えることはありません。

昨日の続きが今日で、今日の続きが明日で……。永遠に続くとは考えてはいませんが、ただ、時間の中を自分の命が流れていくような感覚を持っています。

どうせ人生は、流されて生きていくしかないのだから、うまく世渡りした者が勝ちだと考える人もあるでしょう。反対に、人生悔いのない生き方をしようと真剣に生きておいでになる方もおられるでしょう。

また、身近な人の死や自分自身が生命の危機に直面したとき、はじめて生死について考えをめぐらせる場合もあります。いずれにしろ、人生のどこかで生死の問題に直面します。

人生における数々の出来事がことごとく自分の思い通りにならないという生死の苦しみが、永遠に繰り返されることが苦しくて辛いのです。

## 第三話　禅定（瞑想）と智慧

『唯禅那正思惟のみ有ってす』

「それは、ただ禅定（瞑想）と正しい思惟（智慧）によってのみかなうのである。」

今、自分が置かれている辛い現実や、やり切れなさを解消したいと考えていませんか。あるいは、悩みらしい悩みはないけれど、何となくスッキリしないので、やる気を出したいという人もあるかもしれません。

さて、苦しみの世界から脱するための方法について、お大師様は明快に説かれています。それは、第二話の「生まれ変わり死に変わりながらの荒波にもまれているような世界の現状も含めた人世《ひとよ》の全てを、どうすればおだやかな希望に充ちた人世に転じることができるのか」という問い（無辺の生死何《いか》んがよく断つ）に対し、「結局は、本人が拝むことによって導かれた仏さまの境地と一体となって得た智慧しかない」と回答（唯禅《ただ》那・正思惟のみ有《あ》ってす）しているのです。

智慧は拝むことによって自《おの》ずと湧いてきます。

### 第四話　仏の心眼《まなこ》

『医王の目には途《みち》に触れて皆薬なり　解宝《げほう》の人は砿石《こうしゃく》を宝と見る　知ると知らざると何誰《たれ》が罪過ぞ』

「医学の知識に長《た》けた者の目には、見るものすべてが薬となり、宝石を見分ける知識を持った人には、掘り出されただけの原石を見て、ただちに宝石か否かを識別できるのである。」

名医の目にかかれば、道ばたの草に触れると、「これは風邪に効く薬、これは胃腸に効く漢方、これは少々の傷に効く塗り薬になる……」等、まさに皆薬となるのです。あれが悪い、これはダメ、ということは無くなり、それぞれに適したものが、この世にはきちんと存在している。それを知るか、知らぬか、が大切なことなのです。

宝石が宝石と見分けがつかないのは、それを見出す力が無いことに罪がある、とお大師様はおっしゃっています。

私たちは、正しい分別をしっかりとわきまえた上で、一段上の力を自分の中で探し、身に付けておくことが大切なのです。

## 第五話　あなたが、仏そのもの

『夫《そ》れ仏法遥かに非ず　心中《しんぢゅう》にして即ち近し　真如外《ほか》に非ず　身を棄てて何《いず》くんか求めん』

「仏の教え（さとり）は私を離れた遠くにあるのではない。それは自分たちからずっと離れた場所にあるわけではなく、私の心の中にある。また、真理も私を離れたところにあるのではない。この自分の身体以外のどこにも存在するものではない。」

お大師様は、「自分の心の中に仏さまがいらっしゃることがはっきりと自覚できて、その自覚にふさわしい生き方が始まった時に、素晴らしい人生が開ける」と教示されています。

道は近きにあり。自分の内に目を向け、しっかりと向き合ってみる。そのためには、自分という存在を高めてゆく必要があります。

それには「行うこと（身）、口に出してしゃべること（口）、思うこと（意）」の三つが高いレベルで一致してこそ実現できます。たとえば、口に出す言葉一つにしても仏さまの意志に添うもの、つまり仏さまに喜んでいただけるような言葉であるかどうかを考える必要があるでしょう。

人間は、この三つの表現能力しか持たないので、身・口・意の三つが高いレベルでそろうことが一番充実した生き方であるといえます。

# 第二部　『般若心経』

## 読み下し文『般若心経』（堀内寛仁訓読）

# 般若心經

秘鍵準拠堀内寛仁編

佛《ほとけの》説《ときたまえる》摩《ま》訶《か》般《はん》若《にゃ》波《は》羅《ら》蜜《みっ》多《た》心《しん》經《ぎょう》

觀《かん》自《じ》在《ざい》菩《ぼ》薩《さつ》、深《じん》般《はん》若《にゃ》波《は》羅《ら》蜜《みっ》多《た》を行《ぎょう》ずるの時《とき》

五《ご》蘊《うん》皆《かい》空《くう》なりと照見《しょうけん》して一切《いっさい》の苦《く》厄《やく》を度《ど》す

舎《しゃ》利《り》子《し》よ色《しき》は空《くう》に異《こと》ならず空《くう》は色《しき》に異《こと》な

らず色《しき》即《すなわ》ち是《こ》れ空《くう》なり空《くう》即《すなわ》ち是《こ》れ色《しき》なり
受《じゅ》と想《そう》と行《ぎょう》と識《しき》とも亦復《またまた》是《かく》の如《ごと》し舎利子《しゃりし》
よ是《こ》の諸法《しょほう》は空《くう》を相《そう》とし生《しょう》ぜず滅《めつ》せず垢《あか》
つかず淨《きよ》からず増《ま》さず減《へ》らず是《こ》の故《ゆえ》に
空《くう》の中《なか》には色《しき》も無《な》く受《じゅ》も想《そう》も行《ぎょう》も識《しき》も無《な》く
眼耳鼻舌身意《げんにびぜっしんに》も無《な》く色聲香味觸法《しきしょうこうみそくほう》も無《な》く
眼界《げんかい》も無《な》く乃至《ないし》意識界《いしきかい》も無《な》く無明《むみょう》も無く

亦《また》無《む》明《みよう》の盡《つ》くることも無《な》く乃《ない》至《し》老《ろう》死《し》も無《な》く
亦《また》老《ろう》死《し》の盡《つ》くることも無《な》く苦《く》と集《じゅう》と滅《めつ》と
道《どう》とも無《な》く智《ち》も無《な》く亦《また》得《とく》も無《な》し所《しょ》得《とく》無《な》き
を以《もっ》ての故《ゆえ》なり菩《ぼ》提《だい》薩《さっ》埵《た》般《はん》若《にゃ》波《は》羅《ら》蜜《みっ》多《た》に
依《よ》るが故《ゆえ》に心《こころ》に罣《け》礙《げ》無《な》し罣《け》礙《げ》無《な》きが故《ゆえ》に
恐《く》怖《ふ》有《あ》ること無《な》く一《いっ》切《さい》の顚《てん》倒《どう》夢《む》想《そう》を遠《おん》離《り》
して涅《ね》槃《はん》を究《く》竟《ぎょう》ず三《さん》世《ぜ》の諸《しょ》佛《ぶつ》も般《はん》若《にゃ》波《は》羅《ら》

蜜多《みった》に依《よ》るが故《ゆえ》に阿耨多羅《あのくたら》三藐《さんみゃく》三菩提《さんぼだい》を得《え》たまえり故《ゆえ》に知《し》る般若波羅蜜多《はんにゃはらみった》は是《こ》れ大神呪《だいじんしゅ》なり是《こ》れ大明呪《だいみょうしゅ》なり是《こ》れ無上呪《むじょうしゅ》なり是《こ》れ無等等呪《むとうどうしゅ》なり能《よ》く一切《いっさい》の苦《く》を除《のぞ》く眞實《しんじつ》にして虚《むな》しからざるが故《ゆえ》なり般若波羅蜜多《はんにゃはらみった》を説《と》く呪《しゅ》あり即《すなわ》ち呪《しゅ》を説《と》いて曰《いわ》く

羯諦羯諦《ぎゃーていぎゃーてい》　波羅羯諦《はーらーぎゃーてい》　波羅僧羯諦《はらそうぎゃーてい》

菩《ぼー》提《じー》娑《そ》婆《わ》訶《かー》

般若心經

# 『般若心経』文段分け

堀内寛仁

経題

仏《ほとけ》の説《と》きたまえる摩訶般若波羅蜜多心経《まかはんにゃはらみったしんぎょう》

一、人法総通分

観自在菩薩《かんじざいぼさつ》　深般若波羅蜜多《じんはんにゃはらみった》を行《ぎょう》ずるの時《とき》　五蘊皆空《ごうんかいくう》なりと照見《しょうけん》して一切《いっさい》の苦厄《くやく》を度《ど》す

二、分別諸乗分

1、普賢菩薩の教
　華厳宗（建）

舎利子《しゃりし》よ　色《しき》は空《くう》に異《こと》ならず　空《くう》は色《しき》に異《こと》ならず　色即《しきすなわ》ち是《こ》れ空《くう》なり　空《くう》即《すなわ》ち是《こ》れ色《しき》なり　受《じゅ》と想《そう》と行《ぎょう》と識《しき》とも亦復《またまた》是《か》くの如《ごと》し

2、文殊菩薩の教
　三論宗（絶）

舎利子《しゃりし》よ　是《こ》の諸法《しょほう》は空《くう》を相《そう》とし　生《しょう》ぜず　滅《めっ》せず　垢《あか》つかず　浄《きよ》からず　増《ま》さず　減《へ》らず

3、弥勒菩薩の教
　法相宗（相）

是《こ》の故《ゆえ》に　空《くう》の中《なか》には　色《しき》も無《な》く　受《じゅ》も想《そう》も行《ぎょう》も識《しき》も無《な》く　眼耳鼻舌身意《げんにびぜっしんに》も無《な》く　色声香味触法《しきしょうこうみそくほう》も無《な》く　眼界《げんかい》も無《な》く　乃至意識界《ないしいしきかい》も無《な》く

4、縁覚の教」

無明《むみょう》も無《な》く　亦無明《またむみょう》の尽《つ》くることも無《な》く　乃至老死《ないしろうし》も無《な》く　亦老死《またろうし》の尽《つ》く

5、声聞の教」（二）
6、観音菩薩の教
天台宗（一）
第二段結び
三、行人得益分
四、総帰持明分
1、名《みょう》
（四種呪名）
2、用《ゆう》
3、体《たい》
五、秘蔵真言分

ることも無《な》く
苦《く》と集《じゅう》と滅《めつ》と道《どう》とも無《な》く
智《ち》も無《な》く　亦得《またとく》も無《な》し
所得無《しょとくな》きを以《もっ》ての故《ゆえ》なり
菩提薩埵《ぼだいさった》　般若波羅蜜多《はんにゃはらみった》に依《よ》るが故《ゆえ》に　心《こころ》に罣礙《けげ》無《な》し　罣礙《けげ》無《な》きが故《ゆえ》に
恐怖《くふ》有《あ》ること無《な》く　一切《いっさい》の顛倒夢想《てんどうむそう》を遠離《おんり》して　涅槃《ねはん》を究竟《くきょう》ず
三世《さんぜ》の諸仏《しょぶつ》も般若波羅蜜多《はんにゃはらみった》に依《よ》るが故《ゆえ》に　anuttara-samyak-sambodhi《アヌッタラ　サミャク　サンボーディ》 を
阿耨多羅　三藐　三菩提
得《え》たまえり
故《ゆえ》に知《し》る　般若波羅蜜多《はんにゃはらみった》は
是《こ》れ大神呪《だいじんしゅ》なり　是《こ》れ大明呪《だいみょうしゅ》なり　是《こ》れ無上呪《むじょうしゅ》なり　是《こ》れ無等等呪《むとうどうしゅ》なり
能《よ》く一切《いっさい》の苦《く》を除《のぞ》く
真実《しんじつ》にして虚《むな》しからざるが故《ゆえ》なり
般若波羅蜜多《はんにゃはらみった》を説《と》く呪《しゅ》あり　即《すなわ》ち呪《しゅ》を説《と》いて曰《いわ》く
gate《ガテー》 gate《ガテー》 pāra-gate《パーラ　ガテー》 pāra-saṃ-gate《パーラ　サン　ガテー》 bodhi《ボーディ》 svāhā《スヴァーハ》
掲諦　掲諦　波羅掲諦　波羅僧掲諦　菩提　薩婆訶

終題

般若心経《はんにゃしんぎょう》

（堀内寛仁編　※科文・文段分、基本的に『秘鍵』に準拠。）

【附記】

ここに収載した「読み下し文『般若心経』」は、平松寺発行の『佛前勤行次第』（二〇一七年六月・第四版）に収録されているものを依用させていただいた。また、「『般若心経』文段分け」は、昭和五四年度の『密教概論』の講義で配布されたプリントの改訂版である。転載することをご許可たまわりました平松寺住職堀内寛立師に、篤く御礼申し上げます。

# 現代語訳『般若心経』

武内孝善訳

釈尊がお説きになられた般若波羅蜜多と称するマントラ（真言）の教え

観自在菩薩は、深遠なる般若波羅蜜多と称するマントラ（真言）念誦の修行をなされているとき、この宇宙に存在するあらゆるもの＝「諸法《ダルマ》」はすべて五蘊《ごうん》（五つの集まり）からなっている。しかも、五蘊それ自体には実体がない、すなわち無我（我といえるものはない）・空である、とさとられました。そうして、あらゆる苦・災厄から完全に解き放たれました。

（観自在菩薩は、舎利子に三度にわたって、この宇宙に存在するあらゆるもの＝「諸法《ダルマ》」に関する観察法を伝授されました。最初の伝授は、「五蘊皆空」の五蘊の一つ一つ、色《しき》・受《じゅ》・想《そう》・行《ぎょう》・識《しき》についての観察法です。）

舎利子よ。よく見極めなさい。

第一は、五蘊の一つ「色《しき》＝姿かたちあるもの」、すなわち私自身の身体についてである。私自身の身体は、それ自体には実体はない。それ自体に実体のないもの、それが私の身体である。したがって、私自身の身体には実体がない、無我（我といえるものはない）・空である。実体がない、無我・空なるものが私自身の身体である、と見極めなさい。

五蘊の残りの四つ、すなわち私自身の身体が有する受《じゅ》（＝感覚・感受作用）も想《そう》（＝全体的なイメージとして了解すること）も行《ぎょう》（＝いろいろなイメージを総合し集めて意識を生みだす作用）も識《しき》（＝識別し判断する認識作用）も、色と同じである。つまり、これら一つ一つにも実体はない、無我・空である、と見極めなさい。

（第二の伝授は、この宇宙に存在するあらゆるもの＝「諸法《ダルマ》」は空を特徴とする、についての観察法です。）

舎利子よ。よく見極めなさい。

瞑想のなかに顕現するこの宇宙に存在するあらゆるもの＝「諸法《ダルマ》」は、実体がない、無我（我といえるものはない）・空を特徴としており、生じることも滅することもない、汚れることも浄らかになることもない、増えることも減ることもない、と見極めなさい。

（第三の伝授は、「観自在菩薩のいる大乗レベルにおいて観察すると、この宇宙に存在する（と想われている）あらゆるもの「諸法《ダルマ》」は何一つとして実体はない」についての観察法です。その実体がないものとして、まず五蘊が、ついで十二処と十八界が、さらに十二縁起と四諦が、最後に智慧があげられる。）

（舎利子よ。よく見極めなさい。）

そのように、観自在菩薩のいる大乗レベルにおける瞑想によると、この宇宙に存在する（と想われている）あらゆるもの＝「諸法《ダルマ》」は何一つとして実体はない。そのことを具体的に示そう。

第一は五蘊。「蘊」とは、「私を私たらしめている根本のもの」をいい、色蘊（姿かたちあるもの、すなわち私自身の身体）もなく、受蘊（＝感覚・感受作用）もなく、想蘊（＝全体的なイメージとして了解すること）もなく、行蘊（＝いろいろなイメージを総合し集めて意識を生みだす作用）もなく、識蘊（＝識別し判断する認識作用）もない（実体はない）。

第二は十二処。「処」とは「私を私たらしめている根本のもの」をいい、感受する感覚装置（センサー）が六つ（＝六根）、感覚装置がとらえる対象が六つ（＝六境）、これらが十二処である。感受する感覚装置（センサー）の六つ、すなわち眼（視覚）・耳（聴覚）・鼻（嗅覚）・舌（味覚）・身（触覚）・意（心作用）もない（実体はない）。感覚装置がとらえる対象の六つ、すなわち色（かたち）・声（音）・香（におい）・味（あじ）・触（感触）・法（心的対象）もない（実体はない）。

第三は十八界。「界」も、「私を私たらしめている根本のもの」をいい、十二処に眼識・耳識・鼻識・舌識・身識・意識の六つを加えたものであり、六根（感覚装置）が六境（感覚対象）を感知することによって生じる六つの認識の総体を指す。「眼界もなく、ないし意識界もない」とあって、これらもすべて（実体は）ない。

第四は十二縁起（無明・行・識・名色・六処・触・受・愛・取・有・生・老死）。十二縁起は、釈尊の成道において順逆に観察されたこの宇宙に存在するあらゆるもの＝「諸法《ダルマ》」そのものをいい、無明にはじまって老死にいたる十二の因と果の系列（順観）と、無明の滅尽にはじまって老死の滅尽にいたる十二の因と果の系列（逆観）とを指す。すなわち、「無明」が原因となって「行」が生じ、「行」が原因となって「識」が生じ……「生」が原因となって「老死」が生じるを順観といい、「無明」の滅尽が原因となって「行」の滅尽が生じ、「行」の滅尽が原因となって「識」の滅尽が生じ……「生」の滅尽が原因となって「老死」の滅尽が生じるを逆観という。この十二縁起の順観・逆観において観察される一つ一つのダルマ（無明・行・識……）、これらにも実体はない。

第五は四諦。四諦は、釈尊が初転法輪において、愛欲と苦行の両極端を離れて中道を実践しなさいと説示し苦の滅尽にいたる道を示された教えであり、苦諦（苦の諸相）・集諦（欲望の尽きないことが苦の原因である）・滅諦（欲望のなくなった状態が苦の滅尽した理想の姿である）・道諦（苦を滅尽させるためには八つの正しい修行方法〈＝八正道〉によらなければならない）をいうが、これらにも実体はない。

第六は智。この智は、八正道（正見・正思・正語・正業《しょうごう》・正命《しょうみょう》・正精進・正念・正定《しょうじょう》）を実践した成果としての智慧をいい、舎利子が到達した声聞・縁覚レベルの智全般に対して、観自在菩薩が「それらの智もない＝それらの智は真実の智慧ではない」という。

最後に、この宇宙に存在するすべてのもの＝「諸法《ダルマ》」には、結合するはたらき（得）と分離するはたらき（非得）があり、この二つによってダルマ（法）の総体としての自己（私）が形成され存在するように見えるが、実体はない、無我・空である。

（これで、この宇宙に存在する（と想われている）あらゆるもの＝「諸法《ダルマ》」に関する瞑想の指南は終了しました。）

菩薩は、観自在菩薩のいる大乗レベルにおける般若波羅蜜多の修行を拠りどころとして、心を妨げるものが何もなくなった（前段にいう「この宇宙に存在する〈と想われている〉あらゆるもの＝「諸法《ダルマ》」は何一つとして実体はない」ので、「諸法《ダルマ》」が妨げとなることはなく、「諸法《ダルマ》」から解放された境地を見いだした）。心を妨げるものが何もないので、恐怖をおぼえることもない。

「この宇宙に存在する（と想われている）あらゆるもの＝「諸法《ダルマ》」は何一つとして実体はない」と観察される大乗レベルの境地にいたりきると、そこは妨げのない自由な境地・まったく解放された境地であり、菩薩はそこに安住している。

過去・現在・未来の三世に現われるすべての仏は、般若波羅蜜多の修行を拠りどころとして、この上ない完全なさとりを成就している。

（最後に、観自在菩薩が舎利子にマントラ〈真言〉念誦法を伝授されました。）

それゆえに知りなさい。般若波羅蜜多の極めて勝れたマントラ（真言）、偉大なる明知のマントラ（真言）、この上なく勝れたマントラ（真言）、比べるものなき勝れたマントラ（真言）は、すべての苦をよく鎮め、確実で信頼でき効き目のある言葉である。なぜなら、矛盾なく、嘘偽りのないものだから。

般若波羅蜜多と称するマントラ（真言）念誦の修行で誦えるマントラ（真言）は、つぎのとおりである。

ガテー　ガテー　パーラガテー　パーラサンガテー　ボーディ　スヴァーハー

（掲諦　掲諦　波羅掲諦　波羅僧掲諦　菩提　薩婆訶）

これが般若波羅蜜多のマントラ（真言）である。

【附記】

この現代語訳は、宮坂宥洪著『真釈　般若心経』（角川文庫、二〇一八年（平成三〇）一〇月・八版）を参照させていただき、私が理解したところをまとめたものであります。記して、心から感謝申しあげます。

この書は、サンスクリット原典の解読に依拠するとともに、四階建ての建物を設定した新しい視点からの解釈を提示された画期的な訳註書であります。また、これまでに刊行された『般若心経』解説書の皮相な読みや誤読を徹底的に見直し、さらに空海撰『般若心経秘鍵』にも目配りがなされており、まさに「目からうろこ」でありました。

この書の趣旨を十分にお伝えできたかどうか、まことに心もとない次第です。ぜひ、各自手にとってお読みいただきたく存じます。

# 『般若心経』解説

武内孝善

## 一、『般若心経』はマントラ（真言）を説いた経典

『般若心経』といえば、直ちに「色即是空　空即是色（色は即ち是れ空なり　空は即ち是れ色なり）」が思い出され、「空」を説いた経典とみなされてきた。しかし、これは誤りである。では、いかなる経典なのか。一言でいえば、マントラ（真言）を説いた経典である。空海は一二〇〇年前、すでにこのことを喝破して、『般若心経』は大般若菩薩の大心真言を説いた経典である、と言っているのであった。

なぜ、そのように言えるのか。理由を四つあげてみよう。

第一は、経題の「般若波羅蜜多心経」の「心」の解釈からである。この経題そのものは、サンスクリット原典にはなく、本文最後の「掲諦　掲諦……」の真言のあとに記された「プラジュニャー・パーラミター・フリダヤ」を経典名とみなして、玄奘が経題としたといわれる。この「プ

ラジュニャー・パーラミター・フリダヤ」は、この経の全体を指すのではなく、直前の「掲諦掲諦……」のマントラ（真言）を指すとみなすべきであるとの見解もみられる。この説に従うと、「フリダヤ」はもともと「心」であるが、「フリダヤ＝心＝マントラ（真言）」とみなすことができ、経題の「般若波羅蜜多心経」は「般若波羅蜜多のマントラ（真言）を説いた経」と解されるのである。

第二は、本文のはじめにある「観自在菩薩、深般若波羅蜜多を行ずるの時」は、「深遠なる般若波羅蜜多と称するマントラ（真言）念誦の修行をなされているとき」と解され、このマントラ（真言）念誦によって、この宇宙そのものがどうなっているかをさとったという。そのさとりとは、「この宇宙に存在するあらゆるもの＝「諸法《ダルマ》」はすべて五蘊（五つの集まり、色・受・想・行・識）からなっている。しかも、五蘊それ自体には実体がない、すなわち無我（我といえるものはない）・空である」ということであった。このさとりを、本文では「五蘊皆空」といい、つぎの段落、すなわち「舎利子よ　色は空に異ならず……智もなく、また得もなし」と多くのスペースをとって、この「五蘊皆空」を具体的かつ詳細に説くのであった。古来、この段落を捉えて、『般若心経』は「空」を説いた経典である、と見なされてきたけれども、そうではない。『般若心経』のもっとも大切なところは、「般若波羅蜜多のマントラ（真言）を説いた」さいごの真言が説かれる段落である。あとに記す『般若心経』全体の構成をみていただければ、この経典の中心がどこであるかを理解いただけるであろう。

第三は、「五蘊皆空」を具体的に説いたあとの後半部分で、「菩提薩埵　般若波羅蜜多に依るが故に……涅槃を究竟ず」とあり、「三世の諸仏も　般若波羅蜜多に依るが故に　阿耨多羅三藐三菩提を得たまへり」とあって、菩提薩埵と三世の諸仏が般若波羅蜜多の修行を拠りどころとして、涅槃を成就し、この上ない完全なさとりを成就した、と説かれる。つづいて、般若波羅蜜多の修行、つまり「般若波羅蜜多のマントラ（真言）念誦の修行」が説かれるのである。このことから も、『般若心経』の主題が「般若波羅蜜多のマントラ（真言）念誦の修行」であり、「掲諦　掲諦……」のマントラ（真言）にあることは間違いないであろう。

第四は、玄奘訳で「大神呪　大明呪　無上呪　無等等呪」と訳されるところの「呪」は、サンスクリット原典ではすべて「マントラ」であることである。玄奘の時代には、「マントラ」を「真言」と訳す慣習がまだなかったため、『般若心経』自体には「真言」なることばはみられないけれども、経典のなかではさいごの「掲諦　掲諦」の真言とともに、この「真言」が極めて重要な位置を占めており、『般若心経』の主題が「マントラ＝真言」にあるといってよいのである。

## 二、『般若心経』の「小本」と「大本」

今日、真言宗で『般若心経』をお唱えするとき、「仏説摩訶般若波羅蜜多心経」と「仏説」から唱えはじめる。これは、空海撰『般若心経秘鍵』にもとづいたものである。とはいえ、本文中には釈尊の名は一度も出てこない。ではなぜ、「仏説」と言えるのか、と疑問に思う方がおられるかもしれない。

この謎は、実は『般若心経』には「小本＝短い経本」と「大本＝三つの要素をそなえた長い経本」の二種類があることに起因する。私たちが日常お唱えしている『般若心経』は「小本」であって、「小本」には釈尊の名は出てこないが、「大本」には釈尊が登場するのである。

ここで、本文が伝存する漢訳本『般若心経』をあげてみよう。七本あり、漢訳された古い順にあげると、つぎのようになる。いずれも『大正蔵経』第八巻に収録されている。

1鳩摩羅什訳『摩訶般若波羅蜜大明呪経』二五〇番
2玄奘訳『般若波羅蜜多心経』二五一番
3法月重訳『普遍智蔵般若波羅蜜多心経』二五二番
4般若共利言等訳『般若波羅蜜多心経』二五三番
5智慧輪訳『般若波羅蜜多心経』二五四番
6法成訳『般若波羅蜜多心経』二五五番
7施護訳『仏説聖仏母般若波羅蜜多経』二五七番

このなか、1の羅什訳と2の玄奘訳が「小本」であり、3の法月訳以下の五本はすべて「大本」である。

では、「小本」と「大本」とは、どこがどのように違うのか。「大本」は、序文・本文・結びの文の三つからなる。序文には、「如是我聞」ではじまり、いつ・誰が・どこで・誰に対して説法したかを記す。本文は、説法の内容そのものであり、結びの文では「讃歎のことば」が述べられる。この「大本」に対して、『般若心経』の「小本」は本文だけからなる特殊な経典といえるものである。

ちなみに、『般若心経』の「大本」序文では、「あるとき」「世尊は」「多くの比丘と菩薩の一団とともに」「王舎城の霊鷲山におられた」とはじまる。

なお今日、私たちがお唱えしているのは、「小本」に属する玄奘訳である。ただし、玄奘訳そのままではなく、玄奘訳に少し手を加えた「流布本」と称するものである。玄奘訳と流布本の違いをあげると、以下の四つとなる。

①玄奘訳の経題「般若波羅蜜多心経」に対して、流布本では頭に「仏説摩訶」または「摩訶」を付してお唱えすること。

②玄奘訳では経題のつぎに翻訳者名が「唐三蔵法師玄奘訳」とあるが、流布本では省略されていること。

③流布本の本文中にある「遠離一切」は、玄奘訳では「一切」はないこと。

④さいごの真言。玄奘訳は「掲帝　掲帝　般羅掲帝　般羅僧掲帝　菩提　僧莎訶」とするが、流布本では「揭諦　揭諦」「羯諦　羯諦」「波羅揭諦　波羅僧揭諦」「薩婆訶」などさまざまな漢字をあてていること。

## 三、『般若心経』の構成

ここで、『般若心経』全体の構成をみておきたい。私たちがお唱えしている「小本」を六段落に分けることにする。

その前に、「大本」にしか見られない「序文」を要約しておこう。

あるとき、世尊は王舎城の霊鷲山において、多くの比丘・菩薩を前にして、今にも説法をはじめようとしていた。しかし、世尊は瞑想に入ったままであった。その場にいた観自在菩薩は、世尊の瞑想に感応するかのように、深遠なる般若波羅蜜多の修行を成就された。そこで、舎利子は、仏の神通力によって観自在菩薩にお尋ねした。「深遠なる般若波羅蜜多の修行をしようと望むならば、どのように学べばよいか」と。観自在菩薩はお答えした。「深遠なる般若波羅蜜多の修行を望むならば、つぎのように見極めるべきである。五蘊あり。それらは自性空である」と。（＊傍線部は「小本」の第一段落に収録されている）

第一段落（観自在菩薩……度一切苦厄）

観自在菩薩は、深遠なる般若波羅蜜多と称するマントラ（真言）念誦の修行によって、この宇宙の真理をさとられた。この宇宙は五蘊（五つのあつまり、色・受・想・行・識）からなっていること。五蘊それ自体には実体がない、すなわち無我（我といえるものはない）・空であることを。これにより、一切の苦・災厄から解放された、という。

第二段落（舎利子……亦復如是）

舎利子の「どのように学べばよいか」の問いに、観自在菩薩は三度にわたって、この宇宙に存在するあらゆるもの＝「諸法《ダルマ》」に関する観察法を伝授された。

この段は第一の伝授であり、五蘊の一つ一つ、すなわち色《しき》（姿かたちあるもの＝私自身）・受《じゅ》（身体が有する感覚・感受作用）・想《そう》（全体的なイメージとして了解すること）・行《ぎょう》（いろいろなイメージを総合し集めて意識を生みだす作用）・識《しき》（識別し判断すること）についての観察法が示された。これら五蘊には実体はない、無我・空である、と見極めなさい、と。

第三段落（舎利子……不増不減）

第二の伝授であり、この宇宙に存在するあらゆるもの＝「諸法《ダルマ》」は空を特徴とする、についての観察法が示された。「諸法《ダルマ》」には実体がない、無我・空を特徴としているから、「不生不滅、不垢不浄、不増不減」である、と見極めなさい、と。

第四段落（是故空中……無智亦無得）

第三の伝授であり、観自在菩薩の到達した大乗レベルの境地から観ると、「この宇宙に存在する（と想われている）あらゆるもの＝「諸法《ダルマ》」には何一つとして実体はない」についての観察法が示された。その実体がないものが列挙される。まず五蘊が、つぎに十二処と十八界が、さらに十二縁起と四諦が、さいごに智慧があげられる。

五蘊。「蘊」は「私を私たらしめている根本のもの」をいい、色蘊もなく、受蘊もなく、想蘊もなく、行蘊もなく、識蘊もない、と。色・受・想・行・識の意味するところは、第一の伝授に同じ。

十二処。この「処」は「私を私たらしめている根本のもの」をいい、感受する感覚装置（センサー）が六つ（六根）、感覚装置がとらえる対象が六つ（六境）の総称が十二処である。感受する感覚装置（センサー）の六つ、眼（視覚）・耳（聴覚）・鼻（嗅覚）・舌（味覚）・身（触覚）・意（心作用）も（実体は）なく、感覚装置がとらえる対象の六つ、色《しき》（かたち）・声《しょう》（音）・香《こう》（におい）・味《み》（あじ）・触《そく》（感触）・法《ほう》（心的対象）も（実体は）ない、と。

十八界。この「界」も同じく「私を私たらしめている根本のもの」をいい、十二処に眼識・耳識・鼻識・舌識・身識・意識の六つを加えた総称が十八界である。六根（感覚装置）が六境（感覚対象）を感知することによって生じる六つの認識作用、これらのすべても（実体は）ない、と。

十二縁起。十二縁起は、釈尊が成道したとき順観と逆観によって観察された「諸法《ダルマ》」そのものをいい、無明・行・識・名色・六処・触・受・愛・取・有・生・老死をさす。順観とは、無明が原因となって行が生じ、行が原因となって識が生じ……、最終的に、生が原因となって老死が生じるという。逆観とは、無明の滅尽が原因となって行の滅尽が生じ、行の滅尽が原因となって識の滅尽が生じ……、最終的に、生の滅尽が原因となって老死の滅尽が生じるという。この十二縁起の順観・逆観において観察される一つ一つのダルマ（無明・行・識……）には実体はない、と。

四諦。四諦は、釈尊が初転法輪において、中道を実践しなさいと説示し、苦の滅尽にいたる道を示された教えをいう。諦は真理・確実なものをいい、苦諦（苦として確実なもの）・集諦（苦の原因として確実なもの）・滅諦（苦の滅尽として確実なもの）・道諦（苦の滅尽にいたる道として確実なもの＝八正道）をいうが、これらには実体はない、と。

智。この智は、八正道（正見・正思・正語・正業・正命・正精進・正念・正定）を実践した成果としての智慧であり、舎利子が到達した声聞・縁覚レベルの智を、観自在菩薩が「それらの智もない＝それらの智は真実の智慧ではない」という。

第五段落（以無所得故……得阿耨多羅三藐三菩提）

菩薩は、観自在菩薩の到達した大乗レベルにおける般若波羅蜜多の修行を拠りどころとして、心を妨げるものが何一つなくなった自由な境地にいたった。そこにいたると、恐怖をおぼえることもない。菩薩はそこに安住している、という。

三世に現われるすべての仏も、同じ般若波羅蜜多の修行を拠りどころとして、この上ない完全なさとりを成就する、という。


第六段落（故知般若波羅蜜多……菩提娑婆訶　般若心経）

さいごに、観自在菩薩が舎利子に、「以上説いてきたことからおわかりでしょう。よく知りなさい」と前置きして、「般若波羅蜜多のマントラ（真言）念誦法」を伝授された。

般若波羅蜜多の四つのマントラ（真言）、すなわち大神呪・大明呪・無上呪・無等等呪は、一切の苦をよく鎮め、嘘偽りのない真実のことばである、と。

最後のさいごに、般若波羅蜜多と称するマントラ（真言）念誦の修行で誦えるもっとも大切なマントラ（真言）が提示された。

掲諦　掲諦　波羅掲諦　波羅僧掲諦　菩提　娑婆訶

終わりに、「大本」にしか見られない「結びの文」を要約しておこう。

マントラ（真言）念誦の修行法を説き終わった観自在菩薩は、舎利子に「このように学ぶべきである」と語った。ちょうどその時、世尊は瞑想から起きて、観自在菩薩を褒めたたえた。

「善きかな、善きかな、正にその通りだ。般若波羅蜜多のマントラ（真言）修行は、そのように行うべきだ。汝が説き示したことで、如来たち阿羅漢たちも喜ぶであろう」と、喜びに満ちた声で讃えられた。このおことばを聴いて、舎利子・観自在菩薩・阿羅漢・その場に集会していたすべての聴衆たちは歓喜した。

ここまでお読みいただいた方には、おわかりいただけたでありましょう。『般若心経』は、マントラ（真言）念誦を説く経典であることを。空海がいう、密教経典であるということを。「空」を説いた経典ではないことを。

【附記】
この解説をまとめるにあたっては、左記の著作を参照させていただきました。記して感謝申し上げます。
宮坂宥洪『真釈　般若心経』（角川文庫）二〇一八年一〇月（八版）、KADOKAWA。

# 『般若心経秘鍵』関連文献目録

武内孝善編

凡　例

一、この文献目録は、『般若心経秘鍵』に関する基本的な資料を集成したものである。

一、この目録は、以下の四つの部門からなる

第一部「原文」には、『般若心経秘鍵』の活字本をあげた。

第二部「註釈書類」には、江戸時代までに著わされた『般若心経秘鍵』の註釈書を収録した。

第三部「訳註書」には、明治時代以降に刊行された『般若心経秘鍵』の訳註書・註釈書（単行本）を収録した。

第四部「論考篇」には、明治時代以降に著わされた『般若心経秘鍵』に関する研究論文類を収録した。

一、編纂要項は、大略つぎのとおりである。

①収録は、部門ごとに、著述・刊行された年代の古い順に配列した。

②第一部・第三部・第四部の各項目について

ア、単行本は、編著者名、書名、総頁数、発行年、発行所の順に記した。

イ、研究論文は、著者名、論文名、掲載書・雑誌名、頁数、発行年月の順に記した。

ウ、単行本・雑誌名は『　』を付して表記した。研究論文は「　」を付して表記した。
エ、いずれも頁数が確認できなかったものについては、空欄とした。

③第二部の各項目について

ア、収録は、編著者、書名、巻数、成立・刊行年次の順に記した。
イ、活字本になっているものについては、成立年次のあとに、活字本の書名、巻数、頁数を記した。
ウ、活字になっていなくて、写本で伝来するものについては、巻数のあとに、写本、所蔵寺院を記した。
エ、活字になっていなくて、版本で伝来するものについては、巻数のあとに、刊行年次を記した。

第一部、『般若心経秘鍵』原文

1祖風宣揚会編『弘法大師全集』第一輯、五五四〜五六四頁、一九六五年、密教文化研究所。(初版)一九一〇年、吉川弘文館、六大新報社。

2弘法大師著作研究会編『定本弘法大師全集』第三巻、三〜一三頁、一九九四年、密教文化研究所。

3『大正新脩大蔵経』第五七巻、一一〜一二頁、一九三〇年、大正一切経刊行会。

4高野山大学編『十巻章』一〜一三頁、一九六六年(改訂版)、高野山大学。

5勝又俊教編修『弘法大師著作全集』第一巻、一〇七〜一一二頁、一九六八年、山喜房仏書林。

6中川善教編『漢和対照　十巻章』四四二～四七一頁、一九七七年、高野山出版社。

7空海全集編輯委員会編『弘法大師空海全集』第二巻、三四七～三七六頁、一九八三年、筑摩書房。

8宮坂宥勝監修『空海コレクション』2（ちくま学芸文庫）、三一三～三八四頁、二〇〇四年、筑摩書房。

第二部、註釈書類（江戸時代まで）

1済暹『般若心経秘鍵開門訣』三巻、承徳元年（一〇九七）成立、『大正蔵経』五七巻、一八～四八頁。

2覚鑁『般若心経秘鍵略註』一巻、『大正蔵経』五七巻、一三～一八頁。『興教大師全集』上巻、一三一～一六二頁。『日本大蔵経』二〇巻（般若部章疏二）、一一八～一三〇頁。

3寂然『般若心経秘鍵表文講要』一巻、写本。

4道範『般若心経秘鍵開宝鈔』二巻、『日本大蔵経』二〇巻（般若部章疏二）、一三一～一七一頁。宝治元年（一二四七）成立。

5道範『般若心経秘鍵鈔』一巻、写本、高野山宝亀院。

6道範『般若心経秘鍵拾遺』

7道範『般若心経秘鍵大事』

8尚祚『般若心経秘鍵明鏡鈔』二巻、写本、高野山宝亀院。

9頼瑜『般若心経秘鍵開蔵鈔』二巻、『真言宗全書』一六巻、三〜五六頁。『日本大蔵経』二〇巻（般若部章疏二）、一七二〜二二五頁。弘長二年（一二六二）成立。

10頼瑜述『般若心経秘鍵愚草』二巻、『続真言宗全書』二〇巻、一〜一〇九頁。建治三年（一二七七）伝法会講義録。

11頼瑜『般若心経秘鍵初心鈔』一冊、写本、高野山宝寿院。

12頼宝述『般若心経秘鍵東聞記』三巻、『続真言宗全書』二〇巻、一一一〜一八二頁。

13聖憲『般若心経秘鍵新初心抄』二巻、写本、高野山宝寿院。

14杲宝述『般若心経秘鍵聞書』六巻、『真言宗全書』一六巻、五七〜一八三頁。『日本大蔵経』二〇巻（般若部章疏二）、二二七〜三四〇頁。貞和四年（一三四八）成立＊『日本大蔵経』の書名は『般若心経秘鍵鈔』。

15杲宝『般若心経秘鍵口筆』一冊、写本、東寺観智院。

16宥快『般若心経秘鍵鈔』一〇巻、『真言宗全書』一六巻、一八五〜三七一頁。

17宥快『般若心経秘鍵信力鈔』二巻、『真言宗全書』一六巻、三七三〜四〇六頁、明徳四年（一三九三）成立。

18宥快『般若心経秘鍵教童鈔』一巻、写本、明徳四年（一三九三）成立。

19宥快述『般若心経秘鍵伊路波聞書』三巻、『続真言宗全書』二〇巻、一八三～二一一頁、応永一八年（一四一一）成立。

20成雄述『般若心経秘鍵問題』二巻、『続真言宗全書』二〇巻、二一三～二六五頁。

21印融『般若心経秘鍵文筆問答鈔』一巻、『続真言宗全書』二〇巻、二六七～二七一頁。

22恵範『般若心経秘鍵心車』二巻、写本、大永元年（一五二一）成立。

23祐宜『般若心経秘鍵直談鈔』二巻、写本。

24宗専『般若心経秘鍵開宝決択鈔』一巻、慶長十三年（一六〇八）成立。

25亮典『般若心経秘鍵文林』一巻、寛永十六年（一六三九）版本。

26浄厳『般若心経秘鍵指要』二巻、写本。

27真賢『般若心経秘鍵科註』二巻、万治二年（一六五九）版本、万治二年（一六五九）成立。

28真賢『般若心経秘鍵箋解』三巻、写本。

29游湛『般若心経秘鍵詮註』一巻、元禄年間（一六八八～一七〇四）成立。

30龍雲『科般若心経秘鍵詳解』三巻、版本、覚鑁の『略註』に対する末註。元禄七年（一六九四）成立。

31覚眼述『般若心経秘鍵撮義鈔』一〇巻、『続真言宗全書』二〇巻、二七三～三二六頁、貞享元年（一六八四）成立。

32普寧『般若心経秘鍵体玄記』二巻、正徳四年（一七一四）版本。

33曇寂『般若心経秘鍵私記』四巻、写本、享保十三年（一七二八）成立。

34空慧『秘鍵雲聞記』二巻、享保年間（一七一六～一七三六）成立。

35文啓『秘鍵指要』一冊。

36亮海『般若心経秘鍵講筵』三巻、『智山全書』八巻、七一九～七五九頁、延享二年（一七四五）成立。

37三等述『般若心経秘鍵蛇鱗記』二巻、『続真言宗全書』二〇巻、三二七～三九一頁、宝暦二年（一七五二）版本。

38周海『般若心経秘鍵披陳』二巻、『続豊山全書』第三巻、一四三～二〇三頁。

39卓義『般若心経秘鍵開蔵鈔記』二巻、『豊山全書』第七巻、三三五～三六一頁、頼瑜『開蔵鈔』に対する末註。

40元瑜『般若心経秘鍵讃翼』二巻、寛政九年（一七九七）版本。

41得仁『般若心経秘鍵玄談科門』一巻。

42頼恭『般若心経秘鍵見聞記』一巻、享和二・三年（一八〇二・一八〇三）成立。

43隆瑜『般若心経秘鍵集決』二巻、文政十年（一八二七）成立。

## 第三部　訳註書（明治時代以降）

1小林正盛『般若心経秘鍵講義』（『通俗叢書』二）一四九頁、一九一一年、加持世界文社。

2吉祥真雄『般若心経秘鍵講義』一九四頁、一九一九年、再版一九八一年、山城屋文政堂。

3塚本賢暁「国訳般若心経秘鍵」（『国訳密教』論釈部一）八七～九七頁、一九二二年、復刊一九八二年、国書刊行会。

4小田慈舟『般若心経秘鍵略釈』三二頁、一九二三年、六大新報社。

5三井昌史『国訳大蔵経』六六～七三頁、一九二九年、東方書院。

6長谷宝秀『十巻章玄談』下、七九～一五二頁、一九四六年、六大新報社。

7栂尾祥雲『現代語の二祖典と解説』（高野山大学仏教通信講座）一二九頁、一九五〇年、高野山大学仏教通信講座。

『現代語の十巻章と解説』（合本）五～七五頁、一九七五年、再版一九八一年、高野山出版社。

8勝又俊教編『弘法大師著作全集』第一巻、一〇七～一二二頁、一九六八年、山喜房仏書林。

9宮崎忍勝『般若心経と心経秘鍵に聞く』三〇四頁、一九七六年、教育新潮社。

10勝又俊教『秘蔵宝鑰　般若心経秘鍵』（『仏典講座』三二）三三九～四九六頁、一九七七年、大蔵出版。

11松本照敬「般若心経秘鍵」(『弘法大師空海全集』第二巻)三四七~三七六頁、一九八三年、筑摩書房。

12小田慈舟『十巻章講説』下巻、一一三五~一一三〇頁、一九八五年、高野山出版社。

13金岡秀友『空海　般若心経秘鍵』二一〇頁、一九八六年、太陽出版。

14福井文雅『般若心経の歴史的研究』四八三頁、一九八七年、春秋社。

15福田亮成『般若心経秘鍵』(弘法大師に聞くシリーズ1)一七四頁、一九八八年、ノンブル社。

16頼富本宏『空海』(『日本の仏典』2)三八七~四四五頁、一九八八年、筑摩書房。

17堀内寛仁口述『般若心経秘鍵の声読みと解説』四一五頁、一九九四年、弘法大師著作を学ぶ会。

18池口恵観『空海と般若心経のこころ』二六一頁、一九九四年、講談社。

19坂田光全『般若心経秘鍵講義』一七八頁、一九九九年、高野山出版社。

20福井文雅『般若心経の総合的研究—歴史・社会・資料—』四八三頁、二〇〇〇年、春秋社。

21福田亮成『現代語訳　般若心経秘鍵』二二〇頁、二〇〇一年、ノンブル社。

22宮坂宥勝監修『空海コレクション』2(ちくま学芸文庫)、三一三~三八四頁、二〇〇四年、筑摩書房。

23越智淳仁『密教瞑想から読む般若心経―空海、般若心経秘鍵と成就法の世界―』三〇一頁、二〇〇四年、大法輪閣。

24村岡　空『般若心経秘鍵入門』四一四頁、二〇〇四年、大覚寺出版部。

25松長有慶『空海　般若心経の秘密を読み解く』二一七頁、二〇〇六年、春秋社。改訂版『訳註　般若心経秘鍵』二二四頁、二〇一八年、春秋社。

26加藤精一編『ビギナーズ日本の思想　空海　般若心経秘鍵』（角川ソフィア文庫）一五八頁、二〇一一年、ＫＡＤＯＫＡＷＡ。

27村上保壽『空海の般若心経』一四三頁、二〇二〇年、セルバ出版。

第四部　論考篇

1宝林山主人「般若心経秘鍵懸談」『密厳教報』一二～一六・一八・二〇、一八九〇年。

2興　学　子「般若心経秘鍵玄談」『伝燈』八〇・八一・八三、一八九四年。

3無外庵英峻「般若心経秘鍵通俗談」『智嶺新報』一〇九・一一六・一一八・一一九・一二一～一二五、一九一〇～一九一一年。

4玉島実雅「般若心経秘鍵講話」『神変』三六・三七・四一～四五・四七～五〇・五二～五四・五六・五七・五九・六〇・六二・七一・七二・七四・七八、一九一二～一九一五年。

5鈴木宗奕「般若心経秘鍵に就て」『密教』二―二、七五～九七頁、一九一二年。

6釈　慶淳「明曠の心経疏と高祖の秘鍵」『密教』二―三、一六～二二頁、一九一二年。

7鈴木宗奕「心経秘鍵の結構及其由来」『密教』三―四、六八～七九頁、一九一三年。

8下浦禅城「秘鍵に釈された般若心経に就て」『密宗学報』一一六、一～九頁、一九二三年。

9下浦禅城「般若心経を密経とするに就て」『密宗学報』一一八、一～九頁、一九二三年。

10林田光禅「般若心経秘鍵末註解題」『密宗学報』一三四・一三九・一四〇、一九二四～一九二五年。

11森田龍僊「弘法大師の般若心経観」（『秘密仏教の研究』所収）一六九～一七六頁、一九三〇年、六大新報社。復刊一九七三年、臨川書店。

12高見寛応「明曠の般若心経疏私考」『密宗学報』二二二、一～二七頁、一九三三年。

13七宝山人「般若心経秘鍵とその疏釈」『ピタカ』四―一、三八～四〇頁、一九三六年。

14初崎正純「般若心経秘鍵撰述年代論」『印度学仏教学研究』一〇―二、五四六～五四八頁、一九六二年。
＊坂田光全『般若心経秘鍵講義』に収録（一五三～一五八頁）。
15土井光延「『般若心経秘鍵』に於ける一問題」『密教学会報』四、一八～二〇頁、一九六五年。

16土井光延「『般若心経秘鍵』に見られる大師心経観」『密教学会報』五、二四～二八頁、一九六六年。

17田中千秋「心経秘鍵講話」『密教文化』八三、八〇～八九頁、一九六八年。

＊のちに『真言宗選書』二、一九八六年、同朋舎出版に再録。

18Hakeda Yoshito S ,The Secret Key to the Heart Sutra, Kūkai: Major Works, 1972, Columbia Univ.

19平井宥慶「弘法大師空海と般若心経」『豊山教学大会紀要』二、九九～一〇九頁、一九七四年。

20松本照敬「現代語訳『般若心経秘鍵』」『成田山仏教研究所紀要』一、二八三～三〇七頁、一九七六年。

21クリストリープ・ヨープスト「『般若心経秘鍵』独訳の問題点に際して」『比較思想研究』四、八九～九二頁、一九七七年。

22武内孝善「『般若心経秘鍵』撰述年代考」（『高野山史研究』二、一～一六頁、一九七八年。

23藤村隆淳「『般若心経秘鍵』註釈書解説」『続真言宗全書会報』二四、一～四頁、一九八二年。

24苫米地誠一「『秘鍵』をめぐる一・二の問題」『智山学報』三二、一一～二八頁、一九八三年。

25Kawahara, Eihō & Jobst, Christlieb, Geheimschlüssel des Herzsūtra der zur Vollendung gebrachten Weisheit.『密教文化』一四一、五四～一一八頁、一九八三年。

26白石真道「般若心経秘鍵に現われた弘法大師の炯眼」『密教学会報』二三、一～五頁、一九八四年。

27福田亮成編「撰述書の諸本と注釈書一覧」『弘法大師空海全集』第八巻、二六七～二七四頁、一九八五年、筑摩書房。

27越智淳仁「『般若心経秘鍵』に引かれる二種の漢訳儀軌」『密教学研究』二三、二一～五〇頁、一九九一年。

28橋本浩壱「般若心経秘鍵の諸問題」『豊山教学大会紀要』二二、七一～八一頁、一九九四年。

29金岡秀友「「密教」は二六二文字をこう理解する」『プレジデント』一九九四年九月号。

30松長有慶「空海―読み、写し、聞き、そして「菩薩」となれ―」『プレジデント』一九九四年九月号。＊のちに「『般若心経秘鍵』に聞く」と改題して『密教学会報』三五、一～一一頁、一九九六年に再録。

31村岡　空「般若心経秘鍵入門」『はんにゃ』一～、一九九四年～、大覚寺。

32佐藤隆賢「『般若心経』の解釈」同著『空海教学の研究―空海の真言観とその展開―』一七八～一九二頁、一九八五年、山喜房仏書林
33小峰彌彦「『般若心経』再考」『川崎大師教学研究所研究紀要　仏教文化論集』八、一二一～一八四頁、一九九八年。

34越智淳仁「弘法大師の『般若心経秘鍵』を読む」(二四回)『聖愛』五二―四～五四―三、一九九八～二〇〇〇年、高野山出版社。

35米田弘仁「『般若心経秘鍵』文献目録」坂田光全『般若心経秘鍵講義』一七五～一七七頁、一九九九年、高野山出版社。

36松長有慶「弘法大師の般若心経観の特色について」『峨山論叢』創刊号、五～二六頁、二〇〇〇年。

37静　慈圓「弘法大師空海と『般若心経秘鍵』」『峨山論叢』創刊号、二七～九二頁、二〇〇〇年。

38越智淳仁「『般若心経秘鍵』と成就法」『峨山論叢』創刊号、一～六三頁、二〇〇〇年。

39土居夏樹「『般若心経秘鍵』の撰述年代について―諸開題に見られる経題解釈法からの考察―」『高野山大学大学院紀要』5、一～一六頁、二〇〇一年。

40大澤聖寛『般若心経秘鍵』の理解」『智豊合同教学大会紀要』(『豊山教学大会紀要』三三)一四五～一五四頁、二〇〇四年。

＊のちに同著『空海思想の研究』二七七～二九三頁、二〇一三年、山喜房仏書林に収録。

41大澤聖寛「空海が用いた『般若心経』について」『加藤精一博士古稀記念論集 真言密教と日本文化』上巻、四一～六二頁、二〇〇七年、ノンブル社。

42大澤聖寛「『般若心経秘鍵』未決の問題」『印度学仏教学研究』五六―二（通一一四）、一〇二～一〇九頁、二〇〇八年。

43藤井　淳「『般若心経秘鍵』の年代」同著『空海の思想的展開の研究』一三三～一三五頁、二〇〇八年、トランスビュー。

44藤井　淳「『般若心経秘鍵』と十住心教判」同著『空海の思想的展開の研究』四二五～四二八頁、二〇〇八年、トランスビュー。

45阿部龍一「マンダラ化するテクスト―空海撰『心経秘鍵』の言語力学をめぐって―」『弘法大師墨蹟聚集』論文篇、四一七～四二九頁、二〇〇八年、弘法大師墨蹟聚集刊行会。

46小峰彌彦「『般若心経』と弘法大師」『弘法大師墨蹟聚集』論文篇、四三一～四三六頁、二〇〇八年、弘法大師墨蹟聚集刊行会。

47大澤聖寛「『般若心経秘鍵』成立考」『豊山教学大会紀要』三八、二三～四二頁、二〇一〇年。

48大澤聖寛「『秘鍵』の「翻訳の同異」について」『豊山教学大会紀要』三九、一～一四頁、二〇一一年。

49Thomas Eijō Dreitlein, "An Annotated Translation of kūkai's Secret Key to the Heart Sūtra"『高野山大学密教文化研究所紀要』二四、二一六～一七〇頁、二〇一一年。

50大澤聖寛「『般若心経秘鍵』の文献学的研究」同著『空海思想の研究』二二五～二七五頁、

二〇一三年、山喜房仏書林。

51大柴清圓「『般若心経秘鍵』冒頭の讃頌について―「尊者三摩仁不譲我今讃述垂哀悲」の解釈を中心に―」『密教文化』二三〇、一一〇～九一頁、二〇一三年。

52武内孝善「『般若心経秘鍵』上表文攷」『空海研究』創刊号、三～二八頁、二〇一四年。

53村上保壽「『般若心経秘鍵』のこころと真言」同著『空海教学の真髄―『十巻章』を読む―』二二六～二五〇頁、二〇一六年、法藏館。

54高木訷元「深秘学の帰結―『般若心経秘鍵』の読み解き―」同著『空海の座標―存在とコトバの深秘学―』二六〇～二八八頁、二〇一六年、慶応義塾大学出版会。

〔附記〕
1、この文献目録は、以下の論考を参照させていただいた。記して謝意を表する（各論考の詳細は右の目録参照）。
①福田亮成編「撰述書の諸本と注釈書一覧」『弘法大師空海全集』第八巻、二六七～二七四頁、一九八五年、筑摩書房。
②本多隆仁編「研究文献目録」『弘法大師空海全集』第八巻、三五八～三五九頁、一九八五年、筑摩書房。

③米田弘仁「『般若心経秘鍵』文献目録」坂田光全『般若心経秘鍵講義』一七五～一七七頁、一九九九年、高野山出版社。

④種智院大学密教学会編『増補新訂版 密教関係文献目録』二〇〇七年、同朋舎メディアプラン。

⑤大澤聖寛「「十巻章」関係文献目録」同著『空海思想の研究』六二一～六三〇頁、二〇一三年、山喜房仏書林。

# あとがき——さとりへの扉を開く鍵——

丹羽義寛

『般若心経秘鍵への招待』はいかがでしたか。読み終えた今と読む前では、『般若心経秘鍵』に対するイメージが少し変わったのではないでしょうか。

仏の教えの力を借りて、今を生きる人々が安心を得ることで、豊かで幸福感に満ちた人生を歩むにはどうすればよいのか。

弘法大師さまが『般若心経』を解釈された『般若心経秘鍵』は、『般若心経』に秘められたさとりを解き明かす扉の鍵です。

『般若心経』は、経典では一番短い全文で二百六十二文字の経典ながら、仏の教えが一つ一つの文字に余すことなく説かれ、いつの時代にも通じる様々な智慧が詰まっているのです。

「さとりの境地を示した真言には、無量無辺の真理がふくまれており、その字相と奥深い意味や本質を正しく習得すれば、さとりの境地に至る」とされ、『般若心経秘鍵』によって正しく体得すれば、さとりの扉が開かれます。

高野山真言宗布教研究所第一部会では、さとりの扉を開くプロジェクトの一端である『般若心経秘鍵』を多くの方に手にとって読んでいただくための書籍の作成と、同時進行プログラムとして高野山教学講座「大人の寺子屋」を企画開催し、多数の方にご参加いただいてまいりました。参加者へのアンケート調査によると「経典を声に出して読む」ことへの清々しい充実感が得られたとの反響が多く寄せられ、体験型の教学講座ならではの貴重な経験を通して、清らかで心安らぐひと時を過ごすことで、さとりへの扉が見えたことでしょう。どうぞ、本書をご活用いただきまして、『般若心経秘鍵』に説かれる叡智の鍵でもって、さとりへの扉を開けてください。

末筆になりましたが、本書を刊行するにあたり、ご多忙のなか、また著しい環境変化のなかでの執筆、諸作業にお取り組みいただきました布教研究所所員武内孝善先生、渋谷良範先生、中原慈良先生、布教研究所専門委員新井崇裕師、布教研究所教化研究員樹下真快師をはじめ、出版に携わられました諸大徳様に御礼を申し上げます。ならびに、本書の出版をお引き受け賜りました法藏館に、心から感謝御礼申し上げます。

二〇二一年六月吉日

## 【執筆者一覧】（掲載順）

橋本真人……はじめに
一九六二年生まれ、高野山真言宗教学部長、高野山真言宗布教研究所長、醫王寺住職

中川善教……第一部　読み下し文『般若心経秘鍵』
（一九〇七～一九九〇）元高野山大学長、元親王院住職

武内孝善……第一部　現代語訳『般若心経秘鍵』・『般若心経秘鍵』聖語集・『般若心経秘鍵』解説、第二部　現代語訳『般若心経』・『般若心経』解説・『般若心経秘鍵』関連文献目録
一九四九年生まれ、高野山大学名誉教授、高野山真言宗布教研究所所員、空海研究所長

渋谷良範……第一部　『般若心経秘鍵』聖語エッセイ
一九五七年生まれ、高野山真言宗布教研究所所員、旭山寺住職

堀内寛仁……第二部　読み下し文『般若心経』・『般若心経』文段分け
（一九一二～一九九七）元高野山大学名誉教授、前大野寺住職

丹羽義寛……あとがき
一九六八年生まれ、高野山真言宗教学部次長、高野山真言宗布教研究所副所長、佛並寺住職

般若心経秘鍵への招待

二〇二一年七月二日　初版第一刷発行

編　者　高野山真言宗布教研究所

発行者　西村明高

発行所　株式会社　法藏館
京都市下京区正面通烏丸東入
郵便番号　六〇〇-八一五三
電話　〇七五―三四三―五六五六（営業）
〇七五―三四三―〇〇三〇（編集）

装幀　熊谷博人

印刷・製本　中村印刷株式会社


*Printed in Japan*
ISBN978-4-8318-6069-9 C1015